流韵溢彩

修水文化旅游丛书

主编◎梁 红　戴逢红

图书在版编目(CIP)数据

流韵溢彩/梁红,戴逢红主编.--南昌:江西高校出版社,2021.11(2022.3重印)
(修水文化旅游丛书)
ISBN 978-7-5762-1664-6

Ⅰ.①流… Ⅱ.①梁… ②戴… Ⅲ.①俗文化—修水县 Ⅳ.①G127.564

中国版本图书馆CIP数据核字(2021)第142739号

出版发行	江西高校出版社
社　　址	江西省南昌市洪都北大道96号
总编室电话	(0791)88504319
销售电话	(0791)88522516
网　　址	www.juacp.com
印　　刷	天津画中画印刷有限公司
经　　销	全国新华书店
开　　本	700mm×1000mm 1/16
印　　张	11.5
字　　数	170千字
版　　次	2021年11月第1版 2022年3月第2次印刷
书　　号	ISBN 978-7-5762-1664-6
定　　价	68.00元

赣版权登字-07-2021-924

版权所有　侵权必究

图书若有印装问题,请随时向本社印制部(0791-88513257)退换

编委会名单

主　　　任　梁　红
副 主 任　罗贤华
编委会成员（按姓氏笔画排序）

丁洪阶　卢　婧　余昌清　余　睿
冷建三　冷春晓　罗贤华　周秋平
胡江林　梁　红　谢小明　詹谷丰
廖利方　戴逢红

序

梁 红

修水是生态家园,东南九岭蜿蜒,西北黄龙昂立,"山川深重,可供游览"。独特的丘陵地貌,养育了丰富的动植物,森林覆盖率近75%。植物中的"活化石"红豆杉群落星罗棋布,动物中的"大熊猫"中华秋沙鸭定期造访。

修水书院文化繁荣,自北宋黄庭坚始祖黄中理建樱桃、芝台书院后,历朝历代都有知名书院涌现,成为培养人才的摇篮。如杭口镇双井村的高峰书院,义宁镇的鳌峰书院、凤巘书院,路口乡的云溪书院,何市镇的流芳书院等,不一而足。重视书院教育尤以陈宝箴家族为典型,其先祖以客戚身份迁宁州,栖居野山深涧,生存条件恶劣,仍不忘教子读书,建仙源书屋;待条件改善,迁桃里竹塅后,陈宝箴亲建四觉草堂、鲲池义学,延师课读,惠及邻里乡亲。众多书院的崛起,让修水文风蔚起、人才辈出,成为一种地域文化现象。如杭口双井黄姓仅宋一朝出进士48人,其中黄庭坚诗开江西一派,书法自成一家;桃里竹塅陈家,陈宝箴首倡湖南新政,陈三立为"同光体"领袖,陈寅恪为史学泰斗等,陈家三代四人被《辞海》单列条目介绍,此等殊荣,放眼全国亦属凤毛麟角。

修水不但高雅文化绵延不绝,民俗文化亦丰富多彩。如源起于宋代宫廷的"全丰花灯",融灯、戏、舞于一体,诙谐幽默,广受观众喜爱;起于明朝初年的宁河戏,典雅端庄,唱腔独特;被省政府确定为"四绿一红"重点支持的宁红茶,制作工艺独特;石呈赭碧、雕刻工艺精细、被誉为砚中精品的赭砚,广播海内外。修水哨子、采茶戏、山歌、武术、十八番等,都广为流传,深受群众的喜爱。

修水是秋收起义策源地、爆发地,工农革命军第一支部队在修水组建,第一面军旗在修水设计、制作、升起,秋收起义第一枪在修水打响。革命战争年代,修水人民反压迫、求解放,牺牲的仁人志士达10万余人,在册烈士10338人。改革开放以来,修水人民继承先烈遗志,奋战在生产建设第一线,奋战在脱贫攻坚第一线,取得了社会进步、经济繁荣的可喜成绩。其中,文旅事业作为党和政府的一项重要工作进一步加强,文旅项目快速推进,文旅产业亮点纷呈,文旅融合日益紧密。县第十八次党代会进一步明确了强工兴旅的发展战略,提出要紧紧抓住创建国家全域旅游示范区契机,把修水打造成全省一流、全国一流的"环境优美、产品优质、品牌优秀、服务优良"的国家全域旅游示范县,为文旅融合树立了新的标杆。

文化是旅游的灵魂,旅游是文化的载体,习近平总书记指出:"历史和现实都表明,一个抛弃了或者背叛了自己历史文化的民族,不仅不可能发展起来,而且很可能上演一场历史悲剧。"① 因此,县文旅局

---

① 新华网. 习近平:在哲学社会科学工作座谈会上的讲话[EB/OL]. (2016-05-18) [2021-10-18]. http://www.xinhuanet.com//politics/2016-05/18/c_1118891128_3.htm.

序

决定全面梳理修水文化旅游资源,精心编辑出版《修水文化旅游丛书》。这项工作得到了县委、县政府的大力支持,主要领导在百忙之中抽出时间,就体例、题材、篇幅、文字、创意等均提出了具体要求;社会知名人士詹谷丰、戴逢红、冷建三、冷春晓、谢小明、冷伍敏、童辉满等人分别参与了丛书的撰稿、摄影等工作,在此一并表示衷心的感谢!因时间仓促,兼之水平有限,本丛书的不足之处一定不少,敬请广大读者批评指正!

是为序。

2021 年 10 月 18 日

目录

第一篇 戏 曲

　　一、宁河戏　/001

　　二、采茶戏　/006

　　三、余墩灯戏　/009

　　四、溪口阳戏　/011

　　五、木偶戏　/013

　　六、皮影戏　/014

第二篇 音 乐

　　一、催工鼓　/015

　　二、十八番　/017

　　三、修水山歌　/019

　　四、地方小调　/022

　　五、风俗歌　/023

　　六、劳动号子　/024

　　七、花灯调　/025

　　八、儿歌　/026

九、新民歌　/027

十、佛教音乐　/028

十一、榔歌　/029

第三篇　舞　　蹈

一、灯彩　/030

二、傩舞　/051

三、宗教舞　/054

四、传统歌舞　/056

第四篇　工　　艺

一、修水贡砚　/059

二、宁红茶制作工艺　/063

三、修水哨子制作技艺　/067

四、修水石楠木梳　/069

五、麟祥堂罗盘　/071

六、石雕　/074

七、木雕　/075

八、制陶　/076

九、剪纸　/079

十、纸扎　/080

十一、修水香文化　/081

第五篇 民　　俗

一、姓氏文化 /083

二、谱牒 /085

三、宗祠 /087

四、乡规民约 /089

五、宗教设施 /091

六、神庙家庙 /092

七、敬祀神祇 /093

八、宫观寺庙 /094

九、祭祖 /095

十、庙会 /097

第六篇 习　　俗

一、生产习俗 /098

二、居住习俗 /099

三、建房习俗 /100

四、乔迁习俗 /101

五、节日习俗 /102

六、生活习俗 /110

七、婚礼习俗 /115

八、求子习俗 /121

九、生育习俗 /122

十、丧葬习俗 /124

第七篇　武　　术

一、字门拳　/128

二、黄龙拳　/133

三、法门拳　/137

四、陈门钩子拳　/138

第八篇　歌　　谣

一、劳动歌谣　/141

二、红色歌谣　/149

三、民俗歌谣　/151

四、儿童歌谣　/156

第九篇　俗　　语

一、农用俗语　/160

二、生活谚语　/165

三、歇后语　/170

第一篇 戏 曲

一、宁河戏

修水宁河戏起源于湘鄂赣边界的分宁县(今修水),因戏的起源、流行区域和代表性艺人都出于此地而得名。

宁河戏1

据《义宁州志》载,该地早在唐、宋两朝,即以家族兴立傩庙,竞立傩班(兴盛时有宁州十八班)。傩戏一种是阳戏傀儡戏,一种是演员扮演角色的大戏班。

元末明初,原始的傩歌为酬神还愿演出的请神和辞神专用曲调,随着时间的推移,傩舞与舞台表演日益紧密结合。

明代洪武初年,以一唱众和为表演形式的弋阳腔影响日隆。明嘉靖、隆庆年间影响扩展到宁州,弋阳腔演变为宁河戏前身唱腔之一的高腔,其表现形式为一唱众和,以鼓为节,唢呐包腔,俗称"打锣腔"。宁河戏的行当为"七紧八松"的九角头。

明末清初,安徽徽班向西发展,宜黄戏北上,昆腔风靡全国。当地案堂班艺人兼收并蓄,先后从徽班吸收了石碑腔、昆曲九腔十牌子等曲牌吹腔,《八百寿》《六国封印》等剧目以及徽班"一末"至"十杂"的行当建制;从宜黄戏吸收了宜黄二凡及《贩马记》《全家福》等剧目。艺人搭班演出互相借鉴,宜黄、汉腔同时融合为宁河戏中的弹腔。特别重要的是,修水宁河戏艺人还创新了弹腔正拉反唱的独特形式,并流传至今,成为宁河戏区别于其他剧种的独特而鲜明的艺术形式。同时,九角头也演变为十三个行当。修水宁河戏艺人博采民间小调特色,到清代中叶形成诸腔交织,集高、昆、吹、弹、小调于一体的地方戏曲,即宁州大班。

宁河戏 2

修水宁河戏是修水本土艺术的奇葩,它起于傩歌,传于弋阳腔,集高、昆、吹、汉、黄五大声腔于一体。唱功讲究"三节六合",发声自清朝以来口传心授,古音古韵相承百年。

宁河戏的表演有规范的程式,文行站立如塑,武行行走如风,十顶网子,各显其功。净行架势、生行枪棒、外行身段、贴行把子、丑行步法,每行的动作都有程式与套路,如"犀牛望月""怀内抽剑""猫儿洗面""丹凤朝阳""月中偷桃"和"鳌鱼换肩"等。

修水宁河戏的舞台形象,多以化装造型与行当扮演塑造人物形象。如四旦的脸谱英姿妩媚,有《莲台山》的苏艳妆(又作苏云庄)、《打瓜园》的陶三春等。又如少年武将的扮演,在其他皮黄剧种中都应由小生行当俊扮,而修水宁河戏却归贴补花脸勾脸化妆,俗称小生开脸,刚烈英武,有《乾坤带》中的秦英、《反昭关》中的伍辛等。

宁河戏 3

宁河戏历史悠久,底蕴深厚,它上承唐宋傩文化,中接弋昆雅俗两腔,广撷湘鄂赣三省乱弹戏曲,包容了一部中国戏曲声腔史,对研究中国戏曲的演变,有着文物般的历史价值。

宁河戏的声腔剧本,可读可演。修水宁河戏保存至今的五百余本大小剧目,大多能够演唱于舞台,徽韵石牌、西皮二凡,纯系场上珍本,具有案头、场上双重的戏曲文学价值。

宁河戏保存着完好的演剧风俗。修水宁河戏创始于家族祠庙案堂班,延续于乡村的行傩庆典活动,一庙一班,一族一班,庙在班在,族兴班兴,敬神演剧,展现了强烈的宗庙戏曲形态,保存了典型的赣西北乡俗文化价值。

"若问开傩几时起,隆庆元年菊月兴",这是关于溪口三元宁河戏班建班时间的口头记载。隆庆元年是1567年,距今已有四百四十余年。自三元班开班后,其他班社如雨后春笋般成立,清末呈现出"宁州十八班"的盛况。据记载,抗日战争时期,驻守修水的国民革命军第三十集团军总司令王陵基有一次为庆祝对日作战的胜利,在县城要求宁河戏班表演,名角盖叫天扮演的张飞一出场,大喝一声,惊动半个县城。演员演得认真,军民看得开心,王陵基一高兴,便命士兵送一担现洋上台,犒劳宁河戏演员,轰动当时湘鄂赣地区。随着时代的变迁,修水目前还保存的宁河戏班有凤舞班、春林班、三元班、鸿云班、港口剧团。

宁河戏4

近年来,凤舞班所在的全丰戴姓家族,为了戏班的传承,利用春节期间戏龙灯,筹措了四十余万元,为戏班招收了十多个孩子,让老演员传帮带,此举得到各方的称赞。戏班也由于得到了新人的补充,老中青结合,阵容空前强大,深受湘鄂赣三省人民的追捧,长演不辍。戏班不仅技艺愈加精湛,而且人才鼎盛、名角辈出,如戴致新、戴定新、戴定正、戴玉平、戴致甫、戴致四、丁国奉等。其他戏班也有如卢作立、余荣现、丁彪、胡彩足、龚玉群、陈笑群等,以及原县宁河剧团的老同志胡安民、荣定贤、王可心、王杏花、黄英莲等,他们在修水及周边有很大的名气。

修水宁河戏在民间的茁壮发展与巨大影响,得到了中央、省、市媒体的高度关注,新华社做专题报道《江西修水宁河戏:香火不息400年》,《人民日报》刊登《自己来化妆》等文章,省、市地方媒体的宣传报道更是数不胜数。

2021年,宁河戏被列入第五批国家级非物质文化遗产名录。

二、采茶戏

修水采茶戏最早起源于"茶歌",即"采茶调",由人们在采茶时所唱的采茶歌发展而来。采茶戏动作套路则来源于采茶舞,后经艺人创造、革新,最终形成了具有修水当地特色的采茶戏。

地处幕阜山区的修水县,境内盛产茶叶。当地人在种茶、锄茶、摘茶、拣茶、制茶、卖茶、喝茶等劳动与交往活动中形成了一种"茶文化",进而产生了一种"采茶歌"。如:

南山顶上一株茶,阳鸟未啼先发芽。

今年姐妹双双采,明年姐妹摘谁家。

又如乡间流传的《十二月拣茶歌》:

正月拣茶懒纺纱,一心一意去拣茶。

心想做件漂白褂,腰中无钱托人赊,以后还钱去卖茶。

这种优美动听的"采茶调"(包括民间小调)很自然地成为当时民间灯彩、婚嫁喜庆、祭祀和节日娱乐等活动中歌唱部分的内容。特别是民间灯彩,有些是以唱"采茶调"为主的,所以叫作"采茶灯"。与此同时,"采茶调"还被民间艺人用到茶行、茶馆去唱"板曲",慢慢形成了"唱生"这一职业。由于人多口众,南腔北调,"采茶调"逐渐形成一种小曲,有故事情节和叙事唱段,并开始有唱本传抄,如《十二月拣茶》《姑嫂摘茶》等,在采茶和拣茶男女中流传。有人收集唱本,配以民间小调,经练唱后到茶坊卖唱维生,一人清唱两个或几个角色,群众称之为板凳戏。板凳戏后来发展成为有表情动作的小旦、小丑的二小戏,已略具采茶戏雏形。

明末清初,二小戏加入正月茶灯队伍,演变成灯戏。演出形式是由四人各举茶灯一盏,站四角围成一个场子,一旦一丑在场地中央演唱"采茶调"或表演戏文。后又加入小生,称三脚班或三小戏,表演形式及内容渐趋丰富。

修水采茶戏的音乐唱腔极其丰富,按传统有九板十八腔之说,与黄梅戏有较多共同点。其中以北腔、汉腔、武宁采茶戏叹腔、四平腔使用最多,故也叫"四大声腔"。剧目大部分与黄梅戏同,另有《失印配》《裥袍记》《文武魁》和《双战魁》等剧目。

修水采茶戏唱腔的特点是下旋音多,善于表现悲伤的情感。最主要的骨干唱腔是"北腔",一板三眼,顶板起唱,锣鼓伴奏。整个唱腔由起板句(第一、第二句)、检板句(第三、第四句)、中韵句(第五句)、落板句(第六句)六个乐句组成,也叫"六句式"唱腔,其中第三、第四句可以无限反复,能唱大段的叙事唱词,因而成为主要的骨干唱腔。

修水采茶戏如果严格区分的话,有四大声腔——北腔、汉腔、叹腔、四平腔。不知何故,修水采茶戏一直只用锣鼓伴奏,很具特色。民间艺人因不受丝弦伴奏束缚,在演唱时将民间小调糅合成耍花腔而演变成"九板十八腔",九板为摇板、导板、闷板、平板等;十八腔为北腔(茶腔)、汉腔(仙腔)、叹腔、慢四平腔等。

采茶戏表演场景

修水采茶戏的表演艺术显得原始、古老,如旦角举手不超眉,走台步时手拿手帕自然摆动,台前有慢步、快步、云步、蹉步、跑步;生不出单指,旦不出双指,手法有三叉手等多种;水袖功有冲袖、抱肩袖等十多种。由于长期活跃在农村,为适应草台演出,艺人独创出三步头、九四头、大站门、小站门等多种形式,调度恰当，符合剧情需要，与舞台形象亦很协调。

以县城为区域划分，县域西北流行宁河大戏，东南片区以黄坳、黄沙、黄港等乡镇为中心，则流行采茶戏。当然，戏曲是相通的，在长期的融合过程中，宁河戏与采茶戏互相借鉴，互相影响，使修水采茶戏具有鲜明的风格。

修水有规模的采茶戏团是黄沙镇采茶剧团，团长徐传水，五十多岁，少习采茶戏，肚子里藏着二十多个剧本。因为传统戏剧一度衰落，徐传水改学房屋装饰，手艺不错，赚钱也快，但他学到的东西忘不了，喜欢的采茶戏也丢不掉。前几年，眼看形势大好，徐传水自掏腰包购买了演出设备，邀请一班采茶戏艺人，找个地方排了几本戏，大张旗鼓地恢复演出了。他们的演出市场，主要是修水东南片区乡镇的村子，荷包里有了钱的村民一声吆喝，凑个几千元钱，就可以请徐传水的团去演几个本子。当地老人家做寿、小孩庆百日或者祠堂落成庆典，大家都不忘去请徐团长。

一场演出结束，演员们虽然累得很，但开心得很。徐传水说："要来钱，当然是做手艺来钱快；但论快乐，还是演戏快乐！"这也许就是民间艺术为什么能千百年传承的原因。

（山谷花开）

三、余墩灯戏

　　余墩灯戏传人是小坪村人吴以生,他今年八十七岁,头发稀疏,两鬓斑白,但精神饱满、腿脚利索。他十六岁拜师学艺,十七岁就登台演出。二十世纪六七十年代,灯戏团队解散,各种演出道具被焚毁。直到二十世纪八十年代初,吴以生和团生、水生三兄弟及侄辈们,才重组灯队,添置道具,招收学徒。作为余墩灯戏的守护神和传承者,他教出的徒弟、徒孙有四十多人。

　　余墩灯戏历史悠久,主要传演在修水、平江、铜鼓三县边界之处,演艺队伍人才辈出。据不完全统计,余墩灯戏有六代演艺人物:第一代为清代嘉庆年间的吴能让等五人(有碑为证);第二代是民国时期的林柳藩、方保生、张思义、姚元春等十余人;第三代是中华人民共和国成立初期的许清波、许桂阶、张自生、吴以生、吴美生等十多人;第四代是二十世纪六十年代初的吴团生、吴水生、许漂生、罗方云、吴用和等十多人;第五代是二十世纪八十年代的吴尾生、吴柳员、吴满生、林团秋等十多人;第六代是二十一世纪的许后生、罗裕员、吴秋根、吴鲜艳、张德安、吴满菊、罗光辉等十六人。其中,吴以生、吴团生、吴水生、许漂生等是近七十年来灯戏团的骨干力量,吴以生是后几代的核心人物和戏班的组建者。他们演技精湛,名播湘赣。戏班演出的剧目繁多,声腔、台风、服饰、布景、音乐等技巧都有极高水准,深受广大群众的喜爱。

　　余墩乡与湖南省平江县交界,在1949年以前叫"上源洞"。上源洞的舞龙耍狮和灯戏很有名气,为每年正月闹春耕、闹元宵的两大娱乐主题,每年隔冬就预约演出,正月初二、初三就开始唱戏,一直唱到元宵才结束。预约者都是有名望的大户人家,戏班则根据请戏者开出的价码,安排好所唱的剧目。在观众较多的时候,戏班还会用红纸条标出一部分观众的名字,贴在戏台前沿"打佳观"(即拉人气、赞助)。在那个年代,如果得知哪个姓氏祠堂有灯戏看,方圆几十里的群众,即便是翻山越岭也要赶去看一看。有时观众特别多,祠堂里人山人海,看戏的老老少少站的站、坐的坐,把祠堂挤得水泄不通,非常有氛围。

灯戏的剧目很多,内容以反映民间生活、习俗为主,刻画人物逼真,在广大群众中有深远的教育意义。他们有一百多围戏,其中八十多围能精挑细选,三天四夜都唱不完。剧目分喜剧和忧剧两种:喜剧有《三喜临门》《麒麟送子》《刘海砍樵》《下海传闻》等;忧剧有《董永行孝》《柳秀英还魂》《二夫争妻》等。人物扮演角色分三类:一类生角,小生扮演公子、秀才等,老生扮演土地公、县官、皇帝等;二类旦角,分正旦、花旦、刀马旦;三类丑角,即三花,三花源于唐玄宗,在灯戏团地位特别高,每到一处演出,择地建台得由三花主持,剧团箱担只有三花能坐卧,吃饭时三花可坐家神下,出去演出三花走在团队最前头。戏曲伴奏主要使用二胡和唢呐,二胡戏曲调有新香调、新香忧、新香荐、上路调、下路调、张三调、李四调等;唢呐分喜调和忧调两种,喜调有新大开门、老大开门等,忧调有故孝升天、罗仆寻娘等。打击乐器有牛皮鼓、钹、云锣、当锣、抛锣等。打法则五花八门,有魁星转斗、凤凰点头、阴操、阳操等三十六种。声腔,据传说最早以川剧为主,后来逐步演变成修水、平江方言,形成高腔小调。

灯戏行当:一抹、二净、三生、四旦、五丑、六列、七小、八烟、九老、十榨。最要功底的是三花,其语言风趣幽默、油腔滑调,俗话说"做死的三花,唱死的旦"。三花步法有猫步、鸭步、鸳鸯步、叫鸡踩水步、云步、龙滚步等;三花口法分为荷叶口、梭口、鲫鱼口、肛门口、吞口等。旦角口法分为吹、捋、翘、抖、燕子口、吞口等;旦角手中的巾有望云巾、抛巾、擦汗巾等;眼法有忧眼、悲眼、疯眼、梦眼、斜眼、死眼、醉眼等;手法有兰花指、剑指、一指、转腕、平手、拱手等。身法有滚灯、扣手、翻筋斗、拱桥等。

余墩灯戏作为梨园剧目的一朵小花,尽管声腔等因客观因素发育得不是那样齐全,但它扎根于民间,保持着原始古朴的乡土情韵,虽历经沧桑,却经久不衰。传承和保护好余墩灯戏,对发展余墩以及修、平、铜边界艺术,丰富人民群众的精神文化生活,构建和谐社会,提高人民群众文化素养,都具有非常重要的意义。

四、溪口阳戏

溪口阳戏也称撑崽戏,传承人刘振石是溪口包家庄人。

相传唐太宗李世民发动玄武门兵变夺取政权后,被杀皇亲及将士的冤魂大闹宫廷,令皇宫内苑不得安生。唐太宗无奈,令张天师施行法术,安抚冤魂。张天师请出二十四位神祇施行大法,终于令冤魂一一散去,宫廷归于平静。相传,这种安抚冤魂的法事就是阳戏的雏形。

阳戏流传至今历史悠久,刘振石保存了一尊有六百余年历史的菩萨像,还有印符、刻字雕版、螺号、戒尺等,都是珍贵的文物。阳戏表演的主要道具是一具身长两尺、臂长一尺的无头傀儡,傀儡的手脚可以灵活转动,能模仿人的动作,如屈臂、抡臂、踢腿、屈腿等。根据表演内容,傀儡或穿战袍,或穿文人服装,或穿女人的花袍,色彩鲜艳。

溪口阳戏多取材于民间故事,吸收部分传统戏曲剧目,展现的人物有二十四位,哪一位上场,就把哪位的头像插入傀儡的颈部,并穿上对应的服装。与佛、道崇拜观音菩萨、玉皇大帝等显著不同,溪口阳戏供奉的是管文章学术的南昌府聂二、聂三兄弟,主管生育的金花、梅花姐妹,还有普天福主许真君(许逊)。从神仙崇拜的差异看,溪口阳戏比佛教和道教发端更早,也更乡土化。

阳戏表演有较浓重的宗教意味,倾向于驱邪求福、保佑平安,如有孩子高考的、不孕不育的、新居乔迁的、六畜闹瘟疫的,事主就会请阳戏班到家禳灾祈福。

阳戏班子在事主的正堂焚香点烛,供奉好阳戏班菩萨,接着搭帐篷。帐篷上绣着神仙鬼怪,像一个门框,布框空白区域就是表演区域。为了遮挡表演人员的身体,布框下半部分还要用一块布缝接,仅留下不到一平方米的区域。铿锵的锣鼓声响起,表演人员擎着傀儡在布框后面边舞边唱,通过提、拨、勾、排、抡、闪、摇等手法操纵木偶,傀儡或颦或笑,或动或静,或喜或悲,或缓或急,展现出表演者高超的技术。表演者不但要擎着傀儡表演,还要和着演奏人员的鼓点歌唱,歌词为对神灵的赞颂、铲除一切妖魔鬼怪的心愿和对人间美好事物的祈祷。

　　阳戏唱腔古朴、节奏简单，多用高腔，随着人物叙述的情感变化而变化。据说以前兴盛的时候，表演者可以同时上几个，演奏者也可以有多人，其他熟悉唱本的，随着锣鼓点一唱众和，甚是好看。这种表演形式，为当地宁河戏起源奠定了基础。

五、木偶戏

木偶戏俗称"提戏",起源于汉代,形成于唐代,兴盛于明清和抗日战争时期。木偶戏是由演员操纵人型木偶动作,配以唱念、音乐表演的一种古老的戏曲表演形式。

木偶戏表演有两种技法:一种是用木棒撑着木偶进行表演;一种是用丝线提着木偶进行表演。修水木偶戏使用的木偶模型高不过六十厘米,使用的提线不超过十六根(男的八根,女的六根,表演特技时要使用十六根)。所用唱腔多为宁河戏唱腔,所演剧目均为宁河戏中适合木偶表演的,主要有《打侄上坟》《打碗记》《乌金记》《贩马记》等和一些民间小戏,总剧目有二百多个,文戏、武戏都能表演。

木偶戏班组建有"七紧八松"之说,含乐队,主要有生旦净丑,人人都是多面手,一人要操纵多个木偶,口中还要唱念,男、女声皆要模仿。有的水平高的演员可以同时模仿四五种声音,一人表演生旦净末丑等多种角色。演员还要懂乐器,精通前、后台技艺。

修水木偶戏表演重在听觉享受,对演员的唱功要求非常高。修水木偶戏不但要求演员声音洪亮,还要求富有感情。木偶戏表演师傅戴定期的唱腔吐字清晰,或苍凉悲壮,或委婉细腻,意境美妙。好多人看他的演出,主要就是为了听戏。

木偶的操纵动作主要有提、拨、勾、排、扭、抢、闪、摇等。演员通过这些动作,赋予木偶艺术生命力,或上天,或入地,或宫廷跪拜,或田地劳作,无所不能。修水老艺人勤操苦练,将操纵技术提升到新的境界,他们操纵的木偶不但能表演基本动作,还能表演高难度的正手、弄花、划船、抬轿、点火、喷烟、斩头、剖腹、脱衣、变脸、卸帽、搬椅子、抢杠子、单双闪官帽翅等,把一个个木偶幻化成活生生的人物。戴定期师傅一人可操纵四个木偶表演连翻筋斗、激烈打斗而不缠线,每次表演都博得观众的热烈掌声。

近年来,木偶戏在修水得到重视,许多艺人在继承的基础上对唱腔、表演、音乐、剧目、木偶制作等都进行了创新,丰富、完善了木偶表演艺术。随着新的艺术形式的不断涌现,这种古老的表演艺术在修水已成为濒危项目,亟须保护、传承。

六、皮影戏

皮影戏据说始于汉，盛于宋，但据老艺人回忆，它于明万历年间自湖南辰溪传入，又称"影子戏""灯影戏"，鼎盛时期流行于大桥、余塅、黄龙、水源等乡镇。

皮影戏的表演工具主要有兽皮或纸板制作的人物剪影（俗称影人）、灯、白色影幕。表演原理为点亮灯，通过灯光照射模板，在白色幕布上形成剪影，可以说是电影的前身。

皮影戏的表演方式是，艺人在幕后操纵影人，配以宁河戏唱腔、念白或方言、小调，加上音乐伴奏，达到完美的艺术效果。皮影戏表演对艺人要求非常高，唱、念、做、打、吹、拉、弹、唱必须样样精通，还要男、女声都会唱。皮影戏表演要求艺人同时操纵多个影人，熟练掌握挑、摆、顶、托、移、拨、提、抖等多种操纵技巧。

皮影戏班通常小而精，五至七人即可组班。每个艺人不但是好演员，更是多面手，能够熟练表演一百多个剧目。他们台上是演员，台下是乐手，通过共同努力，使皮影戏达到动、声、影、情俱佳的效果。

修水皮影戏艺人在表演操作中，推动了皮影戏的发展。他们根据剧情的需要，改进影人制作，完善影人脸谱，美化影人服饰。他们结合修水文化资源，极大地丰富了皮影戏的表演剧目，有的是借鉴宁河戏剧目，表演《封神榜》《说岳全传》《杨家将》《目连传》等，有的是表演散本，如《山伯访友》《破窑记》《哪吒闹海》等，还有的是精选生活中发生的趣事、奇事，编排成剧目进行表演，深受群众欢迎。

第二篇 音 乐

一、催工鼓

修水催工鼓所用的鼓形如腰鼓,略短而粗,系彩带,斜挎于鼓匠左肩,或挂于胸前。鼓槌是用竹节的一端削制而成。演奏时,鼓匠右手持鼓槌以竹节击鼓,左手扶鼓体的一端并以指齐按鼓面。催工鼓发音铿锵,音色时有变化,鼓声悠扬清脆,数里之外可闻。

修水催工鼓一人领唱众人和。在劳动时,众人一字排开,一名鼓匠(称单鼓)或两名鼓匠(称担鼓)击鼓领唱,众人一边劳作一边和唱,场面极为壮观。

催工鼓

修水催工鼓演唱时间较长,从早上出工直到傍晚收工才结束,而且有一定的演唱顺序。人们到达劳动场地时,鼓匠先敲一通鼓(滚鼓),唱上一段开场白(起号),多为赞美之词,众人则帮腔(搭号),此后才开始唱正歌。正歌由四大段落即四番鼓组成,次序为"起头番,落二番,紧三番,刹四番"。其中"落二番"占据大部分时间,它旋律沉稳、平缓,是见人唱人、见物喻物的即兴演唱,又能插入"搭号",适合漫长的体力劳动节奏。在助兴演唱时又以情歌为多,如:"对面来个嫩娇莲,走起路来软绵绵,前日思我饭不进,昨日想我水不沾,今日走路要人牵。"如此即兴,妙趣横生,能使劳动者消除疲劳,增添干劲。全天劳作结束后,鼓匠还要对东家和众人"谢彩",与"起号"一样,唱的也是赞美之词。

修水催工鼓所体现的催工之效,以鼓匠为核心。鼓匠不仅要掌握大量的歌,做到三天三夜不重唱,而且要驾驭自由、甩得开、收得拢。同时,鼓匠还是劳动场面的指挥,视劳动进度把握节奏,以提高劳动者的工作效率。

修水催工鼓歌词极其丰富,既有长篇叙事诗,又有即兴之作。打鼓歌有长歌和短歌。长歌多由历史名著、民间传奇改编而成。短歌分"时政歌""情歌""风俗歌"等,其中情歌占很大比例。修水催工鼓的歌词能体现天文地理、农事季节、历史演义、民间传说、警世贤言等,几乎无所不包。如《锄山催工歌》:

催工歌子难起头,柴草丛密山难开,

锄山好比龙打斗,又像猛虎上山来。

唷哟嗨,跟上来哟!

层层茶山重重雾,重重雾拥茶籽树。

锄山对面不见人,请你听我催工鼓。

唷哟嗨,快快上哟!

茶籽树上开白花,情姐爱我我爱她。

情姐爱我仁义好,我爱情姐一枝花。

唷哟嗨,真不差哟!

修水催工鼓的曲调优美动听,有铿锵有力、激越高亢的昂劲歌,又有悠扬婉转的山歌号子,还有道情般的叙唱。它是集山歌、民歌于一体的大型歌体,还流传于武宁、瑞昌、永修、靖安、铜鼓和湖北通山、阳新一带。

修水催工鼓的鼓点节奏丰富多变,一般为四番鼓,节拍为混合型,可因人、因时、因地灵活变化,深受当地群众的喜爱。中央电视台《远方的家》栏目组曾到当地拍摄相关专题并播出。

二、十八番

　　十八番是修水古老的民间演奏艺术。据黄氏家族相传,"北宋太平兴国年间,礼部侍郎黄中理在崇乡四十五都办芝台书院,常与民间艺人韩作熙打猎、下棋、题诗、作画,研究民间器乐曲牌,授意韩作熙将宫廷雅乐之管弦妙法融于锣鼓中,崇乡锣鼓很快出了名"。另据史料记载,"北宋建隆二年(961)至大中祥符八年(1015),分宁禅门佛事尤重",当时佛教的鼓班对民间的锣鼓队影响很大,佛教的鼓班所用打击乐,除铙和铜鼓外,小鼓、小锣、云锣、小钹、大钹、大锣均为民间沿用。所不同的是,民间锣鼓中以板鼓和响子代替木鱼,并加进了抛锣,但在乐器配合与节奏上,两者有许多相似的地方。熙宁年间,王安石实施新政,禁宫廷雅乐,各种艺术大量流入民间。清代以后,居住在修水的客家人把潮汕锣鼓技法与十八番传统技法融为一体,赋予了十八番新的生命,并延续至今。

　　十八番也叫"小吹打",它由鼓、板鼓、响子、大锣、小锣、云锣、抛锣、钹、唢呐、二胡等乐器合奏,以打击乐为主。十八番有坐奏和行奏两种形式。坐奏时,鼓手居中,大钹、大锣分居左右,其他打击乐和吹拉乐分列两边。若是一支唢呐,则位于鼓手旁;两支则分列两边最顶头位置。行奏时,两支唢呐则并排前行,随后是鼓、钹及其他乐器。若是一支唢呐,则司鼓在前。司鼓将鼓架挂于胸前,架上安放小鼓、板鼓、响子三件乐器。司钹胸前挂钹架,钹架侧悬大锣。大钹、大锣是十八番花样变化的重要乐器,需要与鼓手密切配合,不论行奏还是坐奏,都要排列在鼓手两旁,其他乐器随后,位置不做严格要求。

　　十八番有十八种打击乐谱:开槌、中槌、底槌、东风槌(又称一下锣)、南风槌(又称二下锣)、西风槌(又称三下锣)、北风槌(四下锣)、起吹、花边、七星锣、扑灯蛾、凤点头、画眉跳架、八哥洗澡、公鸡啄米、双马过桥、山摇地动、十八清。除首位固定在头尾演奏外,其他乐谱可前可后,由司鼓任意选择,形成活泼多变的演奏风格。

　　十八番吹奏民间小曲与固定曲牌,多为《九连环》《孟姜女》《放风筝》《瓜子仁》《寸金莲》《洗菜心》《锄棉花》《白牡丹》《闹五更》《洛阳桥》等，主要流行于黄沙、黄港、何市、上奉等客家人较集中的乡镇。表演者继承了传统的十八番演奏艺术，糅合潮汕锣鼓演奏艺术，形成了一种新的表现形式，赋予十八番以新的内涵。

三、修水山歌

修水老表爱唱歌,哪个有我山歌多?
声声歌唱家乡好,山清水秀鱼米乡。
日子越好歌越多!

这是修水人耳熟能详的一首经过改编的山歌,生动地反映了山歌在修水人生活中的地位。

修水山歌是人们在山林田野劳动或抒发情感时即兴演唱的歌曲。它的内容广泛,结构短小,旋律优美,几乎所有曲调中都有颤音、滑音、倚音等装饰音,因而使旋律变得回环曲折、委婉动听。它的曲调爽朗,情感质朴、高亢,节奏自由。

修水山歌在全县均有流传,现在主要流传于白岭、全丰、布甲、黄港和黄沙等客家人居住较集中的乡镇。它的特点是节拍、节奏较自由,即便主体部分节奏规整,也往往在乐曲起始部分或结束部分增加一个呼喊,俗称"打呜呼"。修水山歌演唱旋律起伏较大,有抑扬顿挫的效果。

歌词对仗较随意,多采用五句。如《采茶山歌》:
茶园如海难见边,口唱茶歌心里甜;
茶姑好似穿花蝶,一唱众和万万千。
全是茶姑自己编。
太阳出来照四方,照得茶园绿苍苍;
姑娘提篮茶园走,双手飞舞采茶忙。
采茶山歌遍山岗。

修水历史悠久,地方文化丰富,由于山高林密,为了表情达意、沟通交流等,远古修水人将最初简单的呐喊,演化成歌吟的形式,同时还糅合了本地土著文化以及周边文化。修水山歌是用修水方言吟唱的山歌,它产生于修水劳动人民中间,人们在山上砍柴、摘木梓、伐木放排、采松脂、挑担及田间劳动时,或为寻觅同伴以驱野兽、强盗,或为消除疲劳对歌打趣,或诉幽怨,或泄愤懑,或表男女爱慕之情等等,都用山歌的形式来表达。

修水山歌多抒发真挚的爱情,如广为流传的《想郎山歌》和《平腔山歌》:

想郎山歌

日头出山(啰)一点黄,姣姐出门洗衣裳;

手拿棒槌轻轻打,下下打在麻石上。

一心想着我情郎。

打个呵欠(啰)泪汪汪,今日哪斯咯想郎?

昨夜想郎驼了打,今日想郎受了伤。

眼泪有干又想郎。

平腔山歌

郎在高山(嘞)打弯(啰)工(噢),

姐在房中(噢)绣芙(噢)蓉,

百般花朵(啰)都不绣(嘞),

单绣牡丹花一丛,

把郎绣在(哟)花当(噢)中。

注:下下即每下;哪斯咯即怎么这样;驼了打即挨了打;打弯工即换工。

丰富多彩的农事活动如伐木、采茶、种田、耘禾等都是山歌创作取之不尽的素材宝库,民间艺人通过明快的叙事、节奏鲜明的演唱、灵活多变的语气用词,将这些活动生动形象地展现在人们面前。如《盘歌》(放牛山歌):

唱歌师傅老哥(哎)尊,提起盘歌(就)盘你(哎)们;

米筛团团几多眼(嘞)? 斗米做酒(就)几多(哎)糟?

黄牛背上几多(哎)毛?

盘歌师傅老哥(哎)尊,你起盘歌(就)我知(哎)音;

米筛团团万个眼(嘞),斗米做酒(就)不论(哎)糟,

哪有闲工来算牛(哎)毛。

修水山歌还有劝世歌、行业歌、耍歌、逗歌、拉翻歌、谜语歌和猜调、小调、竹

板歌等。劝世歌中流传至今的有《劝世文》《十劝教子》《十爱姐》等,还有民间故事叙述山歌如《十骂英台》等。修水山歌是时代的产物,紧跟时代的脚步发展。土地革命战争时期,民间艺人以传统山歌调创作了许多革命歌曲,如《工农革命歌》《游击队之歌》等,有力地宣传了革命,打击了敌人的嚣张气焰。近几年,围绕移风易俗、乡村振兴、脱贫攻坚等中心工作,民间艺人创作了一批优秀的山歌作品,如为了配合新冠肺炎防治,民间艺人创作了山歌《劝君十莫出门》,有力地支持了工作。密切关注身边的人和事,这是修水山歌流传的最根本原因。

四、地方小调

　　地方小调,曲调婉转流畅,形式多样,题材广泛,有表现爱情的,有反映婚丧的,具有代表性的小调有《一匹绸》《十月怀胎》《尼姑下山》等,流传甚广。地方小调可分为生活小调和盲艺人小调,生活小调多反映人民的劳动和爱情生活,旋律工整,委婉动听,易唱易传,朗朗上口,代表性小调有《盼郎》《宁州四景》等。《盼郎》生活情趣浓郁,反映一热恋中女子的矛盾心理:"手扶栏杆鼓打有一更,昨夜晚叫门不知是何人。我本当开开门看,只怕不是他,只怕不是他呀错开门羞煞人,今夜晚叫门要叫小妹名。"盲艺人小调以外来优秀曲目为主,盲人一般自拉自唱,赖以度日,这类小调地方性较弱,因为是经过若干年筛选流传下来的,所以优秀曲目不少,如《洛阳桥》《打骨牌》《孟姜女》等。

五、风俗歌

　　修水山川秀美,文运悠长,数千年文化积淀,影响了民情风俗。远有傩歌,人们戴着傩面具,边歌边舞,祈祷五谷丰登、国泰民安。后来,人们在劳动、生活中见景生情,以说带唱,似说似唱,张口就来,这种吟唱方式就是风俗歌的表现形式。风俗歌题材广泛,亦庄亦谐,饶有趣味。如女孩出嫁吟唱的《骂媒婆》就把出嫁之人的怨恨之情表达得淋漓尽致:"爹呀娘呀,嫁到个朱溪场,一床被子一只箱噢,箱子里面空光光,怪不得爹怪不得娘,就怪媒人烂心肠。"当然,风俗歌更多的是对美好生活的祝福,如新人进了洞房后,有一位德高望重的老者,手托果盘,盘内盛花生、枣子、白米、茶叶、黄豆、芝麻等物,边撒边唱,祝福新婚夫妇早生贵子、生活如芝麻开花——节节高。

六、劳动号子

　　劳动号子是劳动群众在生产中吟唱的一种表情达意的音乐形式,修水的劳动号子可分陆地和水上两种。陆地号子有伐木号子、搬运木头号子、建筑号子;水上号子有拉纤号子、木排下水时的撬排号子等,都由一人领唱众人和,以达到统一号令、齐心协力的目的。如《修河滩歌》描绘的"东门一出二神滩,窑棚扫帚两边拦;磨滩小水平平过,噪滩独石用心拦。零盘滩里挨山走,抱子鹅颈出西关;上下彭姑忙荡桨,心中思想北岸滩……"生动反映了修河惊涛骇浪以及放排工人与险滩恶浪斗智斗勇的英雄气概。

七、花灯调

　　花灯调,一般在元宵节前后花灯会演时伴随花灯演唱,用唢呐、打击乐器伴奏,曲调活泼,载歌载舞,以歌唱太平年景、庆贺新春为主要内容。修水花灯调流传于全丰、黄龙、古市、月塘等乡镇,尤以全丰花灯调最为有名。全丰花灯调形成于唐宋,距今有千余年历史。据记载,第六十代传人胡哲儒创建胡家班,于民国时期与族人胡思晨开科授艺,承袭至今。全丰花灯调旋律优美,娓娓动听,节奏明快,变化多样,以锣鼓伴奏,方言演唱。内容多取材于生产、生活及民间爱情故事,语言精练,用词简朴,故事完整,唱念相间,多伴以"啦、呀、嘞、亲呀郎子索、亲啦溜子妹、细呀妹子郎当"等,润腔着色,渲染感情,增强美感。如《妹送干哥过枣园》:"妹送干哥过枣呵园啦咿呀嘞过枣呵园,枣子呵个园中呵呀个哩呀呵花春呵闹啰连。枣子花对开个,哥妹挨手走;枣子青溜溜呵,哥妹心忧忧。妹也难舍哥呵,哥也难舍妹,哥妹个难舍又难丢呵嘀哪呵咦呵。"花灯调曲目繁多,曲调欢快活泼,灯彩制作精美,两者相互配合,同时作用于视觉听觉,使人流连忘返。

八、儿歌

儿歌是修水民歌的重要组成部分,对于开发幼儿智力、引导儿童认识世界有着重要的作用。儿歌一般由长辈教儿童吟唱,再由儿童在游戏中传承下来。修水著名儿歌有《红线鸡》《打骆驼》等。

《红线鸡》是一首家喻户晓、情趣盎然的儿歌:

红线鸡公尾巴拖,三岁娃娃会唱歌。不是爹娘告诉我,是我自己会唱歌。

《打骆驼》是一首启发孩童智力的儿歌,有寓教于乐的效果。一个人问:

你是兄来我是弟哎,一只骆驼打给你哎。一只骆驼几只眼哎?几多眉哎?几多耳朵往前推哎?几多金脚同落地哎,几多尾巴后拖泥哎?

一个人答:

你是主哎我是客,这只骆驼我晓得哎。一只骆驼两只眼哎,两条眉哎,两只耳朵往前推哎,四只金脚同落地哎,一条尾巴后拖泥哎。

九、新民歌

新民歌是音乐工作者吸取传统民歌中的精华、特色,再加工、创作的结果,既有传统风味,又反映新的内容,深受欢迎。典型的作品有《车车歌》:"大哥田中车车栽禾秧嘞,妹妹田中车车春来送茶汤呵,日栽禾来车车晚扯秧嘞,妹妹田中车车来帮忙呵。"还有《修水老表爱唱歌》:"修水老表爱唱歌喂,句句出自心窝窝,声声歌唱公社好喂,一年收了两年禾,硬是党的领导好哇,日子越好就歌越多呜喂。"

十、佛教音乐

修水有"五里不同佛,十里不同道"的说法,一直以来,佛道兴盛,产生了一种特定的佛教音乐,尤其以《弥陀赞·九御》突出。它用于佛教道场中升亡仪式,多系赞美歌颂之词,内容为洒扫污秽、传香达信,歌颂菩萨功德。

演唱《弥陀赞·九御》,需主持僧诵经、演唱及乐器伴奏一体完成,使用的乐器可多可少,一般有鼓、锣、钞、钹、云锣、铜鼓、响子及摇钟等。

佛教道场乐队,一般定员五人:云锣、马锣一人,铜鼓一人,鼓、钹、响子、钞一人,铙、摇钟、木鱼由主持僧操作,唢呐一人。道场乐队乐器摆设方位严格,一般在法桌东西两边操纵。法桌左边是鼓、响子、钹和钞,右边是锣、铜鼓、马锣、云锣,唢呐师傅坐右边内向。

演唱诵词"曲一"由六言、十一言、七言等短句组成,多为一字一句或两字一句组成一乐段,均在八度音乐内循环。"曲二"由四言句和七言句组成一乐段,结构不甚规整,一般在五度音域内反复。这体现了佛教音乐原始古朴的特点。

十一、梆歌

梆是将棕树树干挖空、侧面开一口的一种乐器。修水一些山区的百姓,喜欢一边敲梆筒一边吟唱,梆歌有节奏明快、歌声嘹亮、语言诙谐的特点。

演唱梆歌的最直接作用是吓走野兽,保护庄稼不受侵害;也有人以此为生,走村串户表演,讨得或多或少的钱粮。

梆歌表演讲究唱做俱佳,不但要唱得好,还要表演得好,表演步伐主要有摇摆敲梆、转身敲梆、上下敲梆等。敲梆手势多变,舞步多走四方步、拐子步、跳脚步等。

梆歌内容丰富,其中情爱叙述占有很大分量,表达感情直白、真挚,如:

一更棒梆儿刚敲响,娇莲暗中在想郎,又怕爷娘晓得了,只能想在心窝掌。塌眼(窗户)底下偷望郎,望郎不到好心伤。

又如:

五更梆声叮当响,轻手蹑脚送情郎。情郎送到大门口,看到月光下山梁。打根丝带千万丈,套住月亮留住郎。送郎送到大树脚,选条手巾送情哥。情哥此去莫间久(隔了好久),问哥几时得会合。送郎送到对山坡,手拉情哥过小河。小河流水清清淌,难舍难分眼泪落。哥呀哥呀莫间久,免得娇莲想断肠。情郎刚走三尺远,看到背影泪汪汪。

第三篇 舞　　蹈

一、灯彩

1. 全丰花灯

全丰花灯属江西曲艺，是一种综合灯、戏、舞诸种技艺的艺术表演活动，主要特色是灯队表演，具有浓厚的民俗色彩，流传于修水西北黄龙山下的全丰镇。在全丰乡野村寨、林木深处，每到春节期间，各村、各屋场花灯不期而至，一路上

全丰花灯 1

彩灯逶迤、锣鼓喧天,蔚为壮观。花灯队从初一发灯一直唱到元宵,跑东家串西家。每到一处,山民们鞭炮迎送、茶点招待,声声贺语、句句祝福随乐声到达万户千家,成为全丰山区人民的最爱。此外,民间其他节日与喜庆活动,如端午、中秋及做寿、上梁、婚嫁等,也会请来花灯热闹一番。

全丰花灯最突出的特点是灯、戏、舞结合,灯为外形,戏为内里,"无灯没有戏,无戏空扎灯"。其简单明了的故事,欢快明朗的唱腔,加上做工精美、喜庆欢乐的灯彩,深受群众喜爱。

全丰花灯采用半说半唱、似说似唱、唱中有说、说中有唱的曲调表演,为一人多角的表演方式,对演员素质要求非常高。

全丰花灯表演,舞蹈动作丰富生动,有许多是模仿动物的行为,如扑虎、虎跳、蹲猫、卧鱼、双飞燕、金鸡独立等,都独具一格。加上花灯表演以打击乐为伴奏形式,这就要求表演动作干净利落、招式分明。

全丰花灯 2

全丰花灯有生、旦、丑三行,生角双手推车,旦角一手捏手帕一手扶车把表演,丑角戴礼帽、眼镜、脸画豆腐块,骑马扬鞭,不时与旦角逗趣。三人方步圆场,边走边演。场上四周立四盏贴花卉图案的六角形彩灯,常见的有钵哩灯、车车灯、白鹭灯、猴子跳圈、仙姑推磨、八仙过海等,以白鹭灯居乐队中间,寓吉祥如意、人寿年丰之意。"无丑不成戏",全丰花灯表演中,丑角动作滑稽可爱,语言诙谐幽默，表演妙趣横生，通过丑角表演，达到扬善惩恶、褒勤贬懒、弘扬孝道、歌颂美好、谴责邪恶的社会教化功能。

花灯曲目有简单情节，可以单演，连演则成一个完整故事，主要曲目有：表现外出经商的《下南京》《带货》《六个月种花》，表现爱情的《拜新年》《打戒箍》《十个月摘花等郎来》，反映家庭情感问题的《桃妹饮酒》《交情反情》，表现夫妻深情的《劝夫》《下麻城》，吟唱时令的《十月莲》《十个月逢春花》《十二个月花》，反映劳动生产的《十二个月采花》，纳福问吉的《接状元》《十月怀胎》等，内涵丰富，与群众生活息息相关。

全丰花灯 3

花灯曲调多为单曲体结构，一曲一目，曲调名即曲目名，专曲专用。调式以徵、羽居多，商、角次之，特别突出主音上方五级，与全丰方言吻合。乐器以打击乐为主，表演时云锣、锣、小锣、钹齐奏，和以胡琴、笛子、唢呐。唱词多加"啦、啊、吧、呜、喂"等语气助词，起句间连接、句中拓展、句尾补充的作用，增强了浓郁的地方色彩。

全丰花灯现存的戏曲品种中，每一个角色都可以追根溯源到唐宋时期，如生角骑竹马继承了唐代西北地区"竹马戏"的精髓，旦角坐战车继承了唐代中原地区"车车戏"的要素，丑角推车、屈腿、摇肩、雀跃、跳步、反穿袄、扎腰带、戴瓜皮帽,务求幽默、滑稽,则是宋朝杂剧"杂扮"的典型表现形式。

地处深山的全丰为什么会诞生全丰花灯这种独具特色的艺术形式?据修水地方文化研究者推断,原因有三:一是宋真宗皇后刘娥的影响。真宗皇帝对修水情有独钟,曾加封黄龙寺为"崇恩禅院",赐全丰南峰寺为"宝山寺"。他去世前留下遗诏,命皇后刘娥处理军国大事,辅佐年幼的皇帝。刘娥不负真宗厚望,协助皇帝把国家管理得井井有条。待皇帝长大成人,刘娥不贪恋权势,率数百侍卫、宫女到全丰宝山寺出家。虽有佛门清规戒律,但侍卫、宫女与民间交流,有可能把远在帝都的灯彩艺术传授给当地百姓。二是李自成率军队在九宫山溃败,军中有昔日明朝宫人流落到全丰,带来了花灯这种崭新的艺术形式。三是全丰当地流传的。西乡太学士曹定哲,家境丰裕,富有艺术修养,子孙探索出花灯这一种娱乐形式,俗语"九把胡琴唱花灯,悠扬之声兴一村"说的就是曹氏通过花灯振兴村子的事。无论哪种说法,都证明宋、明、清以来,全丰花灯不仅流传发展,而且有异彩纷呈之势,尤其在文化大发展、大繁荣的今天,更有着辉煌的未来。近几年,全丰花灯艺人积极贴近党政中心工作,灵活运用多种艺术形式,"旧瓶装新酒",创作出一系列优秀的节目,深受群众欢迎。《唐知县游修水》,通过一个知县的口吻,全面歌颂修水经济、社会、文化等多方面变化,生动活泼,为群众喜闻乐见。为宣传扫黑除恶工作,全丰花灯艺人新编新演了《卖货郎》,通过底层民众的视角,写出一个乡间货郎以前被一些社会小混混欺负,要香烟抽、要保护费的愤怒,并将之与开展扫黑除恶后城乡风清气正的干事创业环境进行生动对比,深刻说明了扫黑除恶工作的重要性及产生的可喜变化。

全丰花灯表演是中国戏剧、舞蹈、曲艺、杂耍、竹马、地花鼓、山歌、灯饰、剪纸、版画、编扎、裱贴、制作、光影等艺术形式的集大成者,是历史文化和地方文化的完美结晶,是宫廷戏剧、宫灯艺术与民间曲艺、乡土特色孕育出的艺术奇葩,是唐参军戏、宋杂剧及古代诸多戏曲杂耍艺术的活化石,更是生生不息、常演常新的草根艺术奇迹。2006年经国务院批准,全丰花灯被列入第一批国家级非物质文化遗产名录。近些年,全丰花灯得到极好的普及,全丰镇现有花灯队二十余支。

2. 一圣仙娘花灯

修水县位于江西省西北部,这里山川秀丽,民俗独特,历史悠久,人文厚重。境内除了有自西向东贯穿全境的修河外,还有发源于西部黄龙山的汨水。汨水是汨罗江的源头,流经本县数乡后,复向西流,最终注入洞庭湖。所以古人有诗句描述修水说:"西接洞庭开晓楚,东倾彭蠡浸晴吴。"

有着五千年文明的修水,历史上出现过很多富有地方特色的文化式样,其中,发源于古市镇东皋村的一圣仙娘花灯,就是一朵具有典型意义的传统文化奇葩。

一圣仙娘,就是屈原之女纬英(见清代《长沙府志》)。相传,纬英常常为百姓祛除灾凶、治疗疾病、解救痛苦,因此,到宋朝时,被当时的名门望族、宝章阁学士冷觉斋的先祖奉为家神。从冷觉斋算起,敬奉一圣仙娘的活动沿袭至今已有近八百年历史。元初,冷觉斋的长子冷正叔到湘阴任县尹,对屈原忧国忧民、抱石沉江的爱国之情有了更深刻的理解。出于对忠臣烈女高风亮节的仰慕,他在修水老家始创了一圣仙娘花灯会,以造龙船、戏花灯的方式来纪念祖神。

一圣仙娘花灯活动从当年农历十二月廿四起,至来年正月十五止,历时二十一或二十二天,可分为造船、送船、戏灯三个阶段。

造船的时间从每年十二月廿四持续到大年三十,开始时有一个仪式:由一人身穿礼服领唱,在场人伴唱或伴奏。领唱者的唱词通俗易懂,介绍了屈原的家族以及当初造船的神奇过程,共一百八十句,每句七个字。

然后是送船。在除夕夜,人们将造好的龙船抬到大草坪或者河滩边,用香烛火纸点燃龙船,待龙船化为灰烬后撒入江中,用这种方式来祭祀汨罗江下游屈原的英灵。

正月初一到十五,是"戏灯"的时间。花灯表演者拿着表演器具依次进入各家各户:首先是极鼓、写满了恭贺新年对联的排灯、十二面彩旗,然后是由四人抬轿四人护驾的一圣仙娘雕像,最后是小吹伴奏与各式各样的灯笼。灯笼有二十多种,其中龙船灯最具特色,船头一艄公、船尾一艄婆、船内一仕女,都穿古时候的服装,他们边舞边唱,诙谐逗趣,配合默契,具有很高的娱乐性与艺术性。

乐队由十个人一组的大锣大吹与三个人一组的小吹组成。每个阶段都有不同的音乐与伴奏，全过程的唱腔都是独特而富有地方色彩的。

一圣仙娘花灯，开始是当地的冷姓居民为纪念爱国诗人屈原及其女儿纬英的祭祀活动，后来慢慢发展成一项群众文化活动，活动范围遍及修水县的西部地区。它把弘扬爱国主义精神与精神文明建设相结合，把传统美德与民间艺术相结合，对当今创建和谐社会具有积极的意义。

一圣仙娘花灯表演

古市镇原有奉旨修建的大学士石牌坊，还有毅庵祠、甘露寺、木庵祠、慈云宫等诸多建筑，祠宇宫殿连成一体，蔚为壮观，号称是修水县建筑史上之杰作，但在二十世纪六七十年代被彻底毁灭，原址已被建成学校，沿袭千百年的造龙船、闹花灯、玩龙灯的文化娱乐活动也就此中断。1993年8月，当地群众捐资重建了"一圣仙娘殿"，2006年续建"仙人阁""一圣仙娘神坊"。东皋一圣仙娘花灯也恢复演出，但由于许多宝贵的资料都已遗失，只有少量的口述记录和家谱资料流传下来，老艺人也越来越少了，花灯已很难恢复往日的盛况。

东皋一圣仙娘花灯是省级非物质文化遗产，修水县根据《江西省非物质文化遗产保护条例》,结合该项目的实际情况,成立了项目保护领导小组,设立了一圣仙娘保护区,并制定了具体的保护措施。同时,组织人员进一步收集和研究一圣仙娘的资料,经常开展活动,充分调动老艺人的积极性,培养花灯表演新人,提高表演水平,把这一民间艺术传承下来,并且发扬光大。

(山谷花开)

3. 船灯

船灯表演曾经在修水随处可见,主要在春节至元宵期间上演。

船灯的历史起源无从考证,但凭口传,至少也有上百年历史了。中华人民共和国成立初期,船灯曾参加江西省民间文艺会演。此后几十年来,政府充分利用这一群众喜闻乐见的艺术形式,在丰富群众文化生活的同时,配合宣传缴交爱国公粮、家乡变化等党的方针政策,船灯表演一直流行不衰。

船灯是以船形灯为道具,舞蹈和音乐相配合而进行表演的一种民间娱乐形式。船灯的制作,是以竹篾或木条制成一个长约三米、宽约一米的船形骨架,中间扎一座方立体如同画舫、内能站人扛船体的船舱架。船体要蒙上颜色纸,纸上画水波纹图案,且纸长须过船底,以遮盖船内人员脚掌。画舫舱架,也以彩纸粘贴。前后开舱门,左右开小圆窗。四周挂上小灯笼、小流苏、彩带、彩珠和人物纸塑等。船窗、舱门两侧都贴有吉祥楹联。舱内两头和外四角装上灯座,点上蜡烛。有的还自船舱顶至船尾顶,加搭建一个彩布平顶船篷。篷边也饰以彩带、流苏、小灯笼之类。整个船体十分精致美观。

船灯队到了每家或每一所大屋厅堂表演时,先演《卖杂货》小戏,由一男挑着用竹篾或木条制成的、粘贴有彩纸的杂货担子,一女边行边舞,边唱《卖花线》民间小调,间有男女道白。《卖杂货》小戏表演完后,接着表演船灯。表演时,一年轻漂亮的女子"藏"在船舱内,靠肩上的挎带支撑起船灯,承受整个船的重量,并不停地左右、前后摇摆,表演船在各种水情的江河中航行。船头、船尾各一人。船头一人扮丑角叫"艄公",船尾一人通常男扮女装,扮旦角叫"艄婆"。船头一人持桨做出各种各样的摇船舞蹈动作,有逆水行舟、拖船、上滩、下滩等姿势动作。船尾"艄婆"边划桨边"打扇花",边行边舞。男女道白时用锣鼓捧场,其唱词大都固定,有时也即兴而作,间有道白,内容诙谐可笑。此外,还有乐队,配合船灯吹奏一些固定的民间小调,如《十二月飘》《十二月怀胎》《洛阳桥》《孟姜女》《卖花灯》等。有的船灯表演,演员还扮成《西游记》《梁山伯与祝英台》中的古装人物,边行进边表演一些简单的剧情动作,有的表演如猪八戒、济公等丑角动作,和周围观众逗乐。表演时,先演船灯,后演一些船灯小戏,这些船灯小戏篇幅较短,角色较简单,一般为一生一旦或一丑一旦,有特定的戏剧人物。戏剧情节较为单纯,大多以男欢女爱为内容,有固定的唱词和曲调及台词道白,多用客家话表述。演奏的船灯小曲有上百个,其中有些与十番、静板相同。整个演出时间从演小戏到划船灯,可达两个多小时。

4. 佛乐灯舞

千百年来,修水流传下一种与宗教高度融合的音乐舞蹈形式,主要用于祭祀、祈福、驱邪和为逝去的亲人举办道场。表演时但见经幡飘扬,乐声低回,身穿道袍(或僧袍)的法师,口中诵着经文,手舞足蹈,气氛凝重,平添无限哀思。

相传,宋代宝山禅院住持洪端禅师圆寂时,效仿达摩死后携双履西归。众徒弟昼夜为他诵经超度,沉湎哀思不得释怀,于是仿当地百姓设香灯为屈原之女超度的形式,编创佛乐灯舞,热热闹闹送别师傅。佛乐灯舞寓哀于喜,有化悲痛为力量之功效,阐述了生与死、悲与乐的对立统一,教化意义明显,深受民间喜爱而流传至今。

修水佛乐灯舞按类别划分,主要有佛教舞和道教舞,表演前艺人需沐浴斋戒、净心禁欲,表演时要求出手准、腕转灵、戏手快。佛教舞表演顺序有:请佛、拔亡、净坛、清经、纳经、诵经、踩图、破狱、接亡、开灯,动作名称有"善财童子""观音合掌""三指花手""香火灯度果"等。

道教舞因地区不同,名称不一。赤江、漫江一带叫浮云教,上奉一带叫佑圣教,义宁镇叫仪翔教,何市一带叫丹霞教,故有"五里不同道"的说法。其表演程式是:启请、造表、造盘、点兵、祭将、和盘、出兵碗、祭酒、发帖、收魂、妥煞、破狱、送神等。

　　修水宗教舞蹈所用的道具有天王尺、师刀、牛角、铜角、惊堂木、令牌、法筛、法纸、净水盅；乐器有筛鼓、钹、云锣、鼓、铛、唢呐等。

　　中华人民共和国成立后，修水佛乐舞蹈得以继承和发扬，文艺工作者吸收其中优美的音乐、丰富的舞蹈表现形式，摒弃其中迷信封建的部分，创作了《放排》《耘禾》《顶灯舞》《菜农心》《彩虹曲》《得胜鼓》等深受群众喜爱的作品，还有被拍成电影的《盘子舞》、选入《江西省群众舞蹈选集》的《耘禾歌》、选入《民间表演灯彩选集》的《竹林春夜》等。

5. 龙灯

　　舞龙灯是家乡一种常见的文体活动，也是一种宗教祈祷形式，只是随着时代的发展，其宗教性质减弱，只剩舞龙灯表演之前要到"社"告知"社公"发灯，表演结束后再到"社"感谢"社公"封灯，待来年再舞灯。敬请、拜谢仪式也简单，舞灯发起人到社坛燃一炷香，烧几斤黄表纸，把意思说明白即可，并不需要宰猪杀羊。

　　一个社一般有一个灯，这灯叫太公灯。哪个灯表演得怎样，关系到太公的威名，容不得半点马虎。我的家居住在灌潭社，供奉三圣侯王。我们社玩的龙灯有七节，每节呈"干"字形：两横是木板，木板上雕四个圆洞，插竹筒。竹筒里塞蘸了煤油的棉纱，可点燃。一竖是木杆，擎着表演用。骨架硬朗，而躯体丰满的是竹篾，绕着骨架缠绕，上披红布，七节连成一个整体，龙头活灵活现，龙尾刚健有力。待夜色降临，竹筒里的棉纱被点燃，透过红布，灿若红霞，煞是好看。这种玩火的龙俗称火龙，身份高贵，在路上遇到"水龙"，即不玩火的龙，水龙得乖乖让路。有些时候，两条火龙狭路相逢，不吵不闹，鼓点急起来，玩龙的大显身手，各献技艺，哪条龙的灯熄得多，哪条龙的人就乖乖让开，看胜利者扬长而去。这样的比赛，耗精力，有时会闹出矛盾，于是每个社的龙灯开灯，都会到处送拜帖，上面写清哪月哪日哪时，哪个龙灯会到贵地参拜，避免不愉快的事发生。

第三篇 舞　蹈

古代人们把龙、凤、麒麟、龟称作四灵，视为吉祥的化身、美好愿望的寄托。龙作为汉族的图腾与象征，集狮头、蛇身、鱼尾、凤爪于一身，汇勇猛、灵活、友善、高贵于一体，综合了人们的理想、愿望、智慧和力量，象征吉祥与幸福。早在汉代，舞龙灯活动已很普遍，人们用舞龙祈祷龙的保佑，以求得风调雨顺、五谷丰登。据宋代吴自牧所著《梦粱录》记载："用青幕遮草上，密置灯烛万盏，望之蜿蜒如双龙之状。"这充分说明，早在宋代时，龙灯就已在大江南北开展活动。

舞龙灯 1

修水龙灯一般为七节、九节和十三节，由龙头、龙身、龙尾三部分组成，龙头、龙尾的主要制作材料是竹、木、纸、布等。龙头有的用纸制作，有的用竹编织而成。纸制龙头是先制一龙头模具，将麻纸一面刷上糨糊，裱糊在模具上，这样裱上十多层，待干后，割开纸层取掉模具，然后再贴合，最后用颜色彩绘，用铁丝制作龙须。眼睛部位有的制作火眼，有的只装龙眼。龙头也有用竹子和铁丝编织，外皮用纱布包起来，再装上眼睛和龙须。龙尾也是用同样的办法制作。龙身是用竹皮和铁丝制作，将竹皮制成圆圈，每个圆圈绑一根四尺多长的棍棒，然后用布全面包起来，上面彩绘上龙麟。龙大体有青龙、黄龙、金龙、乌龙等种类，身长也不等，平年十二节，闰年十三节，这是民间传下来的规矩，人们一直遵循着。龙身的每节间距约五尺，每节龙身上装置灯的叫龙灯（即舞龙灯），没有装置灯的龙叫舞龙。龙的装饰特别讲究，有较高的工艺要求。现在，龙灯的道具已不用自己做了，龙头、龙身、龙尾在商店里都可买到，比自己做的要精致美观。

舞龙人和耍龙人一般头扎彩布，身着绸缎彩衣服饰，脚穿薄底武生快靴。衣服的颜色有红色、黑色、蓝色等。

龙灯的耍法有多种，有单龙戏珠和双龙戏珠，一般常用的动作有：蛟龙漫游、蛇蜕皮、龙头钻节、金龙追宝珠、龙腾跳跃还有龙头龙尾齐钻节等。舞龙者一般是用碎步奔跑。在锣鼓、唢呐的伴奏声中，巨龙追着红色的宝珠，一会儿高耸直冲云端，好似上九天揽月；一会儿一个猛子俯冲下来，好似下五洋捉鳖。这样高低错落、蜿蜒盘旋的精湛表演，使观者陶醉。我老家最见功力的表演是盘龙，舞龙头的立定，凭着躯干灵活翻转，擎着龙头时而丹凤点头，时而一柱擎天，时而巨龙回首；那龙尾的表演者时而快速奔跑，时而轻巧移步，形象生动地展示首尾衔接的妙处。

舞龙灯 2

6. 麒麟送子灯

　　流传于白岭的麒麟送子灯由九人表演,一人扮观音骑在麒麟灯上,两人扮善财、招喜童子,手持掌扇灯分列两侧,六人持宫灯伴舞。

　　麒麟送子灯的表演顺序,首先是表演队一人先诵读赞词,祈祷国泰民安、家宅吉祥等。之后表演开始,但见六个宫灯两面交叉,呈双龙出水之势,请出麒麟灯。在宫灯环绕和善财、招喜童子的护卫下,麒麟向四个方位踏着步子,寓意四方财进。之后,六个宫灯变换队形,四个分站东南西北四方,两个立在场子中央,麒麟用云步向四个方位的宫灯转一圈,再以碎步围着中间两个宫灯走八字,象征消除四方灾难,迎来吉祥如意。忽然,麒麟步伐变化,走起拜步,分别向东南西北致意,六个宫灯前后交叉不停地围着麒麟转圈,这叫"缠柱",寓意吉祥幸福留驻在表演之地。麒麟在前送福(福袋)、送子(送个娃娃)、送姻缘(送绣球)、送财(送个元宝模型)、送寿(送寿桃),六个宫灯在麒麟身后走起了梅花阵。表演结束,接灯人家焚香点烛,送别演出队伍;表演队伍领队致祝词,再行告别。

7. 九鲤藏一虾灯

　　传说全丰的洞井堰是大泉神掌管的神堰,大旱之年,村民到洞井堰求雨,如果水面出现大雾且有大虾和大红鲤鱼游玩,则一定会下雨。为祈祷风调雨顺、五谷丰登,村民每年春节期间扎着大虾灯、大红鲤鱼灯到洞井堰祭拜泉神。

　　经过数百年的改进,如今的虾鲤灯设置更完美,表演更精彩。虾鲤灯由九个红鲤鱼灯、一个大虾灯、十二个荷花灯组成,还有五条板凳搭起的龙门。演出开始,但见香灯师手持一根瓜瓢,瓜瓢内放一个烧红的石球,旁人往瓜瓢内倒进米酒和醋,一股弥漫着酒香醋味的白雾升腾起来。香灯师绕场一周,为大家祈祷吉祥富贵,吟唱如"鱼灯照华堂,贵府添丁又进粮。鱼灯游到店房来,老板四季发大财"等。诵词吟唱完,表演开始。第一个阶段的表演叫虾鲤漫游:十二个"荷花灯"碎步走到场中间,分列三排,引出"鱼虾灯"。"鱼虾灯"走着"之"字形,在"荷花灯"之间嬉戏游玩。"荷花灯"慢慢退到四周,留下"鱼虾灯"在场中间跑圈,先大后小,最后"虾灯"在最高处,由"鱼灯"层叠,形成囤粮状。第二个阶段叫集鲤藏虾:"荷花灯"把"虾灯"围在中间,"鱼灯"在四周跑圈,做摆动、翻滚、跳跃的舞蹈动作,象征年年有余。第三个阶段叫虾鲤跳龙门,主要表现为鱼虾追逐、鱼虾嬉戏、上滩、下滩、游鲤藏虾、鱼虾游阵,最后"鲤鱼灯"飞跃板凳搭起的龙门,接着又是荷花出水、鱼跃翻腾、双鱼游阵、双龙摆尾等,象征着人民对美好生活的追求。

伴奏乐器主要是唢呐,音乐为民间乐曲《年年有余》,配以锣鼓演奏。

8. 观音灯

观音灯是融儒家的孝、佛家的善、道家的神为一体的民间灯彩。

观音灯由八个荷花灯、四个青蛙灯、一个担灯(两头各有一个花盘灯)组成,另用三张桌子搭一个三宝台,每张桌子上摆一个灯。表演者均为男人,要求不穿上衣,赤脚,只披一块长绸在胸前。

观音灯分三段表演:第一段出家,四个"青蛙灯"从荷花灯阵中引出观音,观音穿素色裙服,披素色长绸,走大云步,同时双手托着灯盘,伴奏音乐为《观音赞》。第二段苦修,观音肩挑灯担,缓步登上三宝台,伴奏音乐为《大悲咒》。第三段成佛,观音走下三宝台,用云步穿梅花阵,为父亲献出手臂和眼睛。佛祖感动,赐观音手眼。观音登上白色荷花宝座。伴奏音乐《二十四孝》(民间小调,歌词是:观音菩萨妙善王,深山苦修成仙长。献手献眼救父亲,一片孝心万古扬)。此时,八个舞灯者放下手上的灯,站立观音身后,伸出双手。待千手观音形象出现时,观众礼炮齐鸣,焚香点烛,祝贺观音成佛。

9. 摆云灯

摆云灯多用于老人祝寿、祭祀祖宗和庆贺新年。祭祀祖宗、庆贺新年时,演员多化装为八重神仙;为老人祝寿时,则化装为福禄寿三星。摆云灯表演主要道具是云牌，云牌能摆出各种动物、植物、文字等图案，烘托气氛。表演舞步主要来自傩舞的步伐，如傩舞中的莲花步用于结云、傩舞中的五步用于点云、傩舞中单脚落地的禹步用于摆云、傩舞中的矮步用于拖云，此外还结合了民舞中的碎步、走步、云步等。

摆云灯主要通过摆云、跳云、游云、结云、分云、斗云、开云、流云、洗云、点斗、摆图等几个步骤完成，是传统舞蹈的集大成者，艺术价值极高。伴奏音乐一般为《闹洋洋》。

10. 目莲救母灯

目莲救母灯又叫救母灯，演绎的是释迦牟尼十大弟子之一目莲不畏千辛万苦盆罗百味、供奉僧众、成就大功德，最后救出在恶鬼道中受罪的母亲的故事，是乡村庙会和"盂兰盆会"必演节目。

整个表演共分两部分，一部分叫"盆罗百味，供奉众僧"，即在场中摆一把椅子，椅子上放一把司刀和一个灯，再用三条板凳摆成"之"字形，每条板凳上摆两个灯，与椅子连在一起，称"七星灯"。表演开始，目莲头戴莲花帽，头顶一盏灯，身穿素净袈裟，一手持佛帚，一手托盘子，盘里放七个碗灯。接着，在民间小调音乐《十月怀胎》的乐声中，十个手持素瓜果灯的伴舞者，以二龙出水步引出目莲。目莲在十个舞者间晃动碗灯，高挥佛帚，以禹步的拜步在"之"字形板凳间穿行，并表演供奉瓜果之态。目莲每前进一步，取手中碗灯一盏扑灭板凳上的灯一盏，直到把板凳上的灯扑灭，最后独脚登上并走完三条板凳。目莲一腿盘至胸前，以金鸡独立之姿势，把最后一个碗灯扑在桌子上，再将椅子上的灯用左手的三指托着，取下椅子上的司刀跃过椅子。伴舞者跟在后面舞蹈，以烘托气氛。

第二部分叫"不畏艰险，破阵救母"。但见场地上有三块砖，搭一棚状，内置一盏灯。不远地方再摆五块烧热的砖，此时，佛教音乐《劝善经》响起。目莲两步一转挥舞司刀，踏着佛教游八卦的舞步向四个方向破阵，舞者伴舞。最后，目莲赤脚走过烧热的砖，冲到砖棚前，打破砖棚，取出棚内的灯。目莲高举司刀，一手托着灯碗,单腿在场中间跳跃,十个伴舞者围绕目莲起舞。此时,鞭炮齐鸣、鼓乐喧天,寓意庆祝目莲母亲获得新生。

11. 马灯

马灯主要流传于何市、上奉、黄沙等客家人较集中的地方,马灯表演,寓意马到成功。

马灯制作材料是竹篾,用竹篾扎好马头、马尾,再糊上彩色纸张。表演时,把马头、马尾缚在舞者腰部,舞者一手拉缰绳,一手扬马鞭。按照表演内容,马灯可分为传统和现代两种方式。

马灯传统表演一般演绎历史故事,如《岳飞传》《杨家将》《三国演义》等,乐器有锣鼓、胡琴,曲谱多为宁河戏曲谱。马灯表演,马童角色是关键,必须完整表现引马上场、洗马、梳马、喂马、上鞍等一系列动作。如表演《杨家将》,首先是六个旗手穿着古装戏服,擎着蜈蚣旗跑满圆场,引出杨家将主要人物走阵、穿花。之后主帅上场,命六郎点兵。其间,主帅与马童有一场精彩的跑马比赛,之后群马出征,场面非常壮观。

现代马灯表演,只演出民间故事,如赶集、迎亲等,用小吹打乐器演奏现代民歌、山歌和新歌等,一般三至六人骑马,还有六至八人擎花钵灯开路、伴舞。表演者穿现代服装,边舞边唱、边舞边逗,幽默滑稽、热闹喜庆,深受欢迎。

马灯表演步伐有交叉步、十字步、八字步、踏步、走八美阵、走十美阵等。

12. 三阳开泰灯

据传说,三阳开泰灯起源于汉代,与汉代羊车有关,原为宫廷彩灯,后流传于民间,主要角色有红、青、白三种羊,分别代表过去、现在、将来,祈祷吉祥幸福。

三阳开泰灯要十二个人表演,分别是:八个擎牌灯的,三个骑在羊背上、手持吉祥灯的儿童,一个一手持小扇、一手拿绣球、头戴小纱帽、身穿大红短衣的羊倌。

在喜气洋洋的民间小调《贺新年》乐曲中，八个擎牌灯的舞者踏着龙摆尾、倒脱靴的舞步表演，引出幽默风趣的羊倌。羊倌走到场地中央，面对观众吟诵"大地回春、万象更新、兴旺发达、诸事吉祥"等祝福语。牌灯逐渐向两边舞动，羊倌表演各种动作，迎出"三羊"。"三羊"边舞蹈边摆队形，最后，一个"品"字形呈现在观众眼前。扮羊儿童模仿羊的声音齐叫三声，以示三阳开泰。此时，音乐换成了民间小调《小山羊》，羊倌喜气洋洋地领着三只"小羊"走梅花阵，动作有绣球逗小羊、小羊玩绣球、小羊追球、绣球赶羊，喜庆热烈。第三部分音乐为民间小调《吉星照》，场上角色纷纷行动起来，羊走之字阵、牌灯走圆场、羊缠阵、汇羊、分羊、羊踏一步四方、羊倌空投球、羊抬头望月、羊倌投球滚草……在目不暇接的表演中，"三羊"呈"品"字形排列，牌灯亮出了如意图案，分列两旁的牌灯手挂出了"三阳开泰，万事如意"的对联，由羊倌送主家，主家以鞭炮、果酒致谢。

流传于民间的《小山羊》歌词为："三羊款款来，开泰清和财。羊是温柔美，代名叫吉祥。万盏花灯亮，又是好时光。三羊（阳）开泰日，春风万里长。"

13. 春牛灯

表演春牛灯，需扎牛灯一个，灯内置蜡烛，点燃，底部装车轮，方便推动；还需舞者六人，分别扮演渔夫、樵夫、农民、书生、小丑、小旦。

巨大的牛灯到了家门口或堂屋，先转一圈。小旦进场，牵牛；小丑进场，两人逗乐。渔夫扛着鱼叉进场，边舞边唱："老汉生来八十三，要到江边划漫滩。钓竿本是南山竹，不钓金鱼不回还。江边钓鱼，归家走走。"樵夫拿柴刀、柴杠舞上，唱："小子生来本姓李，刚从南山砍柴归。砍柴要看路边柴，剁掉烟竹笋又来。天上星星朗稀稀，莫笑穷人穿破衣。深山树木有短长，河下出水有高低，十指哪能得整齐。南山砍樵，归家走走。"农夫荷锄舞上，唱："小子生来本姓张，要到南庄看水浆。一路行程走得快，南庄田里水汪汪。春季忙忙要下种，夏季忙忙要耕田，秋季懒惰无收割，冬季饥饿莫怨天。南庄看水，归家走走。"最后，书生摇着扇子上场，唱："正月采花无花采，二月采花菜花黄，三月桃花红似火，四月映山满山红，五月栀子闹端阳，六月菱角牵藤长，七月荷花满池塘，八月桂花满山香,九月菊花家家藏,十月茶花满山开,十一月采花打了霜,十二月梅花斗雪放。一年百花都采尽,辞别学友转家门。常在书房,归家走走。"不同的角色,都反映出修水人热爱生活、辛勤劳动的特质。

每一个上场的角色,要围着春牛灯走"八"字形。基本舞步有圆场步、十字步、云步等,不同角色,根据职业不同,可以夸张表演,如渔夫走老脚步、樵夫走担柴步、农夫走荷锄步、书生走摇扇步等,以丰富表演形式。表演结束前,大家围着春牛灯走满天星。春牛灯表演的伴奏乐曲有《卖杂货》《洛阳桥》等,一般用唢呐、锣鼓伴奏。

14. 龙虎灯

龙虎灯主要流传于全丰。每年腊月二十六扎灯,龙灯由二十六节加头尾组成,共二十八节。节与节之间要贴满鳞片,不能露出人为破绽。虎灯讲究雄头壮尾,嘴巴能开能闭,四肢能伸能屈,尾巴能弯能直,虎背要可以站人。虎灯内置板凳,由三人操纵表演。

龙虎灯的表演动作丰富,难度大,基本动作有舞龙、舞虎巧妙配合,之后,龙抢珠、虎戏珠、龙虎搏斗、龙盘虎踞、虎跃龙盘、龙越虎背、飞虎过龙、龙高耸入云、虎匍匐前进、龙下江海巨浪滔天、虎入深山雄风万丈,最后龙居沧海、虎回青山。精彩的龙虎斗,令人惊心动魄,展现了全丰男儿的矫健身姿。

15. 蚌鹤灯

全丰流传的蚌鹤灯造型优美,表演滑稽,带有短高跷特技,形式多变。道具汇集绘画、剪纸、扎作、雕塑、糊裱等工艺。蚌的外缘画着蚌纹,内涂水红色,十朵大红荷花剪纸图案中置圆镜一个,象征珍珠。两根红绸长带连着两个大圆镜,表演时红绸飘逸,镜子闪光。鹤鸟长脖子,头顶闪亮红冠,翅膀和衣服连在一起,袖子粘贴羽毛,尾巴连接臀部,装饰黑色长羽毛。渔翁的斗笠、蓑衣、鱼篓,剪贴年年有余图案,渔网非常精致。蚌鹤灯由一人扮蚌仙(旦),一人扮鹤鸟

(生)，一人扮渔翁(丑)，演绎"鹬蚌相争，渔翁得利"的故事，生动有趣，深受大家喜欢。

表演程式为：班主念祝福语，民间音乐《八板头》响起，蚌仙上，翩翩起舞。小吹打音乐起，鹤鸟上，表演觅食舞。之后，渔翁上，滑稽念道："天高气爽清早起，咯个时节好打鱼。王母娘娘托个梦，河里上了金丝鲤。不是老脚来夸嘴，打鱼撒网算第一。只要老脚开了网，回家背篓驮不起。出门打鱼有禁忌，千万莫碰背时鬼。么里(什么)叫作背时鬼，就是出门莫碰女。碰了女人真见鬼，今日莫想捉到鱼。所以出门要小心，千万不要碰到女。哎呀呀真见鬼，不想碰见偏撞女。看啰看啰，一个姑娌在洗衣。缩脚就把家门进，快从后门去河里。今日碰了丧门星，又见媳妇在茅厕。就是咯样不走运，前门后门都碰女。收起背篓挂起网，抽口黄烟吸口气。黄烟一吹又想起，怕娘娘托梦是真的。反正今日天气好，不下雪、不打雷、不起风、不落雨，不冷、不热、不晴、不雨，正是打鱼好时机。撒开大步往前赶，过根田埂到河里。河水清似屋里镜，看到石子看见底。连撒三网不歇气，就是没有鱼啄里。今日见鬼真见鬼，看我老脚生气不生气。"渔翁坐地下，做生气状。幕后有人喊："老脚牯莫生气，上河冇鱼下河有鲤。"渔翁："对，下河去，过根田埂转个嘴，几脚到了下河里，看样子不要撒网，撒网也是冇有鱼。"幕后："老脚牯莫着急，脚鱼塝上有脚鱼。"渔翁："对，对，脚鱼塝上有脚鱼，不能空手归家去。"遂下场。

鹤啄蚌，蚌夹鹤，相持不下，对舞。渔翁兴冲冲上，看见蚌鹤形状，笑，参与舞蹈。之后撒网，收蚌和鹤，念："今日总算不背时，捉了蚌壳又捉鸡。蚌壳大，野鸡肥，总算不是空手归。捉只蚌壳养珍珠，咯大野鸡关笼里。两样东西大又大，背不起、驮不动，拖着渔网回家去。哈哈哈，还是我老脚有运气。"幕后笑："鹬蚌相争，渔翁得利。"

16. 河灯

据说，放河灯的习俗起源于渔猎时代，那时人们对大自然的力量认识不够，每遇险滩深渊，即制作小船，摆上供品，灯笼里点燃蜡烛，称为河灯。人们任河灯漂流，以求保佑。后来，这种形式被佛、道两教采纳，作为一种祭祀方式推广。土地革命战争时期，革命者曾用放河灯的形式宣传革命思想，传递敌情。现代人放河灯，仅为祈福、娱乐。

修水不同的地方有不同的放河灯习俗。三月三上巳节，山口、漫江、征村等地的姑娘会自制河灯，写满美好祝福，在节日晚上来到河边，载歌载舞，放下河灯，把美好心愿放飞远方。

七月七鹊桥会，复原、东津、杭口一带的年轻人会到河边放河灯，为牛郎织女相聚祝福。他们边舞边唱："河灯亮，河灯明，牛郎织女喜盈盈。河灯一放三千里，夫妻岁月蜜样甜。"他们既为牛郎织女祝福，也祈祷自己能拥有幸福美满的婚姻。

七月十五中元会，白岭、全丰、古市一带的人有放河灯习俗，他们请来和尚或道士，摆好酒食，打太平醮，转孤、济孤、敬孤，一户人家扎一盏小河灯，任其随波逐流，表示送走邪魔；每个村子扎一条大纸船，上面载满纸钱和纸制品，放入河中，以供奉孤魂野鬼，让其不要为祸人间。

八月十五中秋夜，宁州、三都、四都的青年男女，制作好小河灯，待月亮升起，放入水中。之后，姑娘们围着篝火载歌载舞；小伙子擂鼓、赶天狗、救月亮。但见河上明灯万盏，河岸歌舞升平，好一个团圆之夜。

除了节日放河灯外，有一些乡镇放河灯有特定的意义，如大椿、溪口、港口等地，如有大病初愈的人，会制作一盏河灯顺流放走，以表示病痛远去，身体康复；有的家庭亲人去世后，在每月初一或十五，会制作好白色的荷花灯或八角灯，每人一盏，放入水中，以寄托对亲人的无限思念之情。

17. 北岸船灯

据说，清代顺治帝祭澄江毕，急回京都，忽然风浪大作，江面上无船。正在着急时，远处有一渔船亮着灯光，渔翁和孙女正在抛锚停船避风。侍从与身穿微服的顺治帝求助，老渔翁与孙女商量后，将二人摆渡到对岸。帝回京后，常想起此事，一日，全国迎考，帝召见一武平考生，问其知道此事否，并要此考生查访爷孙二人。此考生不敢怠慢,探查到爷孙二人,并将其带入京都,面见皇帝。帝大悦,将其召入宫中,命乐府作《渔家乐》曲牌,赐渔家乐匾额一块、夜明珠一颗,为渔家造福。款待数日,爷孙二人荣归故里。为彰显此事,爷孙俩用竹子做成船的形状,披红戴彩,悬挂船灯,游街串巷,好不得意。此后,原来地位不高的渔民也沾了爷孙俩的光,地位显著提高。每逢出海打鱼,成片的渔船挂着船灯,披红挂彩,载歌载舞,祈求出海平安,鱼虾满舱。于是乎,船灯在闽西、粤北、赣南等地流传开了。

清朝时,赣西北有个依山傍水的小山村,名叫北岸,村里住着几百户人家。北岸是个旱灾、水灾频发的地方,民不聊生,村民纷纷外出求生。有位名叫周百丰的裁缝,读过几年书,有点文化,很受人敬重。为了养家糊口,他背井离乡,跋涉千里,到赣南闽西一带收徒授艺。其间,他耳闻目睹,亲身领略了异地的风俗文化,尤其对船灯戏情有独钟。回到家乡后,他与周驾云、周鼎云、张雨林等人成立船灯戏班,在乡村里演出。逢年过节,喜庆乔迁,他们都去演上一场,演出现场十分火爆,深受欢迎,北岸船灯也就一直延续至今。

从前,若有地方受到自然灾害的困扰,人们总是把愿望寄托于神,于是就有了庙宇。北岸也不例外,村民崇拜的一位神灵,名曰张五真君,俗称"张杞爷"。在乡人的心中,他能呼风唤雨,驱灾辟邪,所以船灯戏与此紧密关联了起来。每次演出,一律先行祷告,并且将一道福船神符带去,放在显眼的位置,演出前先向神符烧香叩首,放烟花爆竹,求真君保佑演出顺利圆满成功,期待有个好的开始,这一惯例,已经成了船灯戏的特色。随着时代变化,北岸船灯戏也在变化。1949 年为庆祝中华人民共和国成立,船灯戏班编排了很多节目,如《绣金匾》《闹元宵》《小放牛》《送别》等。二十世纪六十年代后,有的演员年事已高,相继去世,加之影视传媒走进千家万户,船灯戏被逐渐淡忘了,仅留在老人们的记忆中,面临绝迹。

2014 年,北岸村老年协会的邹笔均等几位老同志(共和国成立初期船灯戏演员)提出重新创办船灯戏班。在北岸村委会大力支持并拨款下,在村委会、老年协会的帮助下,戏班成立了。梁振国、陈垂雄等人收集资料,自编自导,终于出炉了一台船灯戏,并被溪口镇选送参加县里的大型文艺会演。

18. 东塅社五帝龙灯

舞龙灯是一种非常古老的传统民俗活动,东塅社五帝龙灯亦不例外。

东塅社五帝龙灯起源于湘鄂赣三省交界处的义宁州(今修水县)仁乡(今东港乡),乃清嘉庆庚午年(1810)为庆祝东塅社及周边百姓捐资修立五帝殿而组建,故名五帝龙灯,距今已有两百余年的历史。

每年从腊月初开始,当地百姓就自发地着手用竹篾扎制龙灯。整条龙灯共有五节,由龙头、龙身、龙尾连接而成,寓意五谷丰登。腊月三十晚上举行五帝收兵活动和龙灯开光、点睛仪式。正月初三左右出灯,以唢呐、锣鼓、号角为前导,将龙身从殿内请出来,在龙灯的各节内点上蜡烛灯,以为灯笼。每到夜晚,点着蜡烛的龙灯穿行在东港周边乡镇的村道上,路边家家门前摆香案、设果盘,迎接福龙、祈祷新年吉祥、丰收、安泰。

几百年的五帝龙灯史,使东港人积累了丰富的舞龙经验,孕育着一代代舞龙人。每到元宵节,五帝龙灯在殿前的广场上狂舞进行圆灯,场面十分壮观。五帝龙灯经过民间艺人不断加工完善,到现在已发展成为一种具有相当表演技巧和表现欢快心情的民俗活动,深受广大群众喜爱。

二、傩舞

1. 修水傩舞

修水傩舞起于宋、明,民间旧俗多敬傩神,立傩案,酬神还愿,傩歌傩舞盛于一时。根据不同形式,修水傩舞可分为:

族傩。以家族为单位供奉的祖先——太公,每年八月初八开傩,族人抬着太公人偶像,举着傩神,到本姓家庭接受祭祀,以保佑族人平安吉祥。祭祀完毕,有傩歌、傩舞表演。

乡傩。以地区为界,不分姓氏,大家共同敬仰一尊神。傩戏班每年从正月初六开始,抬着傩神,走村串户接受供奉,之后表演傩戏。这个大家共同供奉的神,一般是历史传说中的英雄人物。

童傩。童傩是一种儿童傩祭,是为了纪念为国捐躯的陈姓始祖陈灵公,陈门后人每年组织的祭祀活动。首先由族长致祭词,然后四个儿童将神龛上的面具戴到脸上,再进行表演,表示陈门后继有人。

游傩。每年正月初六,上奉湖山的乡民抬着傩王菩萨,从湖山傩王庙出发,到每个村庄游行舞傩。正月十五进行"圆傩",傩舞表演者在傩庙前摆好傩面具,跪拜傩神,之后跳傩舞。

丐傩。丐傩是指在人家有添丁、娶亲、嫁女、做屋等喜事时,傩舞者举着傩神来给喜家"走报",在喜家厅堂演出傩舞,表演细腻传神,动作夸张诙谐。

举行傩祭,有一套完整程式,主要是:

安神位。主事者从祠堂或庙内请出傩神入轿。

放兵。傩主将五只碗摆在门前连成一线,每只碗内放一支香和洒有猪血的折成三角形的火纸,傩主点燃火纸,烧至一半时用碗覆盖。傩主扎四马衣,左手叉腰,右手捻着三角形火纸左右绕动,脚踏禹步,口中念咒语,之后掷珓请示,待傩神同意,举着傩神出村。

傩队出行。

接傩神。家家户户在村口大路上焚香烧纸、跪拜,迎接傩神到来。

收兵。为村民驱除邪魔之后,傩神回庙,收回放出去的兵,仪式与放兵一样。乡民叩谢神恩,祈祷吉祥。之后是傩舞表演。主要人物有:开山(戴着青色面具,手持板斧砍向四方)、跳判(戴着判官面具,一手拿锤,一手拿朱笔表演,小鬼四个伴舞)、跳加官(戴着白色笑脸面具,一手拿朝笏,一手拿贺联表演)、跳和合(两人戴着儿童面具,拿云帚表演)、跳钟馗捉鬼(戴钟馗面具,小鬼伴舞,寻找藏着的东西)、跳土神(两人戴老人面具,一男一女,手拄拐杖,土地婆另一手拿蒲扇,土地公另一手执云帚)。表演结束,钟馗将小鬼找到的藏物交给土神,土神交给接案主家,表示祝贺。

2. 跳和合

由儿童扮演和合二仙童,头戴娃娃头面具,上身穿浅蓝色对襟娃娃衣。领口、袖口用金线绣花,下身穿彩色灯笼裤。腰系棕色腰带,脚穿黑帮包口鞋。表演动作有摇头乐、拍地拖、娃娃夸、双晃手对乐、靠手翻身、仙童对戏、二仙和合等。表演队形讲究匀称和谐,气氛诙谐欢快。伴奏主要以堂鼓、钹、锣为主,表演歌词有"呀呀呀,身在人间,藏在仙山,学道教;滔滔滔滔,一门仙法,身在人间也快活"等。

3. 跳加官

跳加官的由来据说是唐太宗李世民喜欢唱戏,不仅自己亲自扮演角色,还令大臣参与。丞相魏徵无奈,为了掩饰丑态,只好脸戴面具做哑声表演,形若偶像,舞似傀儡。跳加官深受欢迎,一来该戏保佑地方繁荣昌盛、吉祥平安;二来祈求升官晋爵、官场发达。

舞蹈者头戴面具,身穿大红蟒袍,脚穿白底黑帮朝靴,前半场手持朝笏起舞,后半场手拿福帖,表演展帖、看帖舞。福帖制作有讲究,用五块白布,白布上分别写有天官赐福、指日高升、一品当朝、寿比南山等祝福语。白布上端用木条卷边,一手抓住,随表演相继展开白布。跳加官的舞蹈动作有台步、双抖袖、半抖袖、摇头颤肩乐、捋须、梗指、梗收、僵托、梗颈甩头看帖、亮帖等,风格独特,表演古朴。伴奏乐器有板鼓、中钹、小锣等。

三、宗教舞

古来凡遇上自然灾害、疾病、瘟疫，老百姓便会请来道士、和尚做法事，以求消灾得福。佛教在不断的演变中，创造了佛教舞蹈。表演前佛教徒须沐浴更衣；表演时要求出手准，腕转灵，戏手快。表演顺序为：请佛、拔亡、净坛、纳经、诵经、踩图、破狱、接亡、开灯等。舞蹈动作名称有善财童子、观音合掌、三指花手、香火灯度果等，其寓意是为亡人引路。道教在法事过程中，创造了道教舞蹈，表演顺序是：启请、奏表、造盘、点兵、祭将、和盘、出兵碗、祭酒、发帖、收魂、妥煞、破狱、送神等。道教法事可用于祭祀亡灵，也可用于驱邪、送鬼、祛病、求雨等，所谓打太平醮。

宗教舞的道具分别有天王尺、师刀、牛角、铜角、惊堂木、令牌、法筛、法纸、净水盅等；乐器有师鼓、钹、云锣、鼓、铛、唢呐等。

1. 三宝赞

三宝赞，又名戏花手，修水佛教舞蹈的一种。它是为死者超生死、度亡魂而表演的舞蹈。表演者身穿黑长袍，腰系红法带，头戴五佛冠，双手舞动，表演剧情，动作细腻优美。表演者左手托盘，盘内放五根调匙，摆成梅花状，调匙内盛香油，点灯草；右手持招魂幡，招魂幡是用一根有七个竹节的竹枝做成的，竹梢挂三尺长的白纸幡。表演《三宝赞》时，须把盘和幡放地上，舞者跪下，对着灯盘，用手表演。

表演动作先做观音合掌；再做三指花手：拇指与食指相合，左右手一仰一伏，手背相对，绕腕换动，先慢后快，由大而小，身体随之摆动；最后拇指跷起，成拳掌，做"香火灯度果"。两遍后，做"结石长打"：双手四指相握，伸出食指抖动；然后做"四渡"：将拇指夹在掌心，四指伸直抖动；最后做"善财童子"：双手手腕相靠，掌心相对转动，以示超生死、度亡魂。

伴奏音乐为《三宝赞》，伴奏方式为锣鼓击打。

2. 大转梅花阵

流传于修水道教道场"午朝"中的一段舞蹈，表现的是"午朝"中见圣的情景。因一路上有来来往往的神仙魔鬼，且道路曲折迷离，朝圣之人必须诚信行善、机智勇敢。

大转梅花阵表演人数视场地大小而论，本应八人，少则三四人。表演者手持朝板、一支香、钹、铃等道具，走八卦步，按一定顺序、方向互相穿插，及时旋转，不能碰撞，不得越位，不准错步，同时双手做八卦状，双脚间或跳跃。节奏由慢板至快板，舞步由徐而疾，气氛由平和而紧张。中途如遇法力高超邪魔，持朝板者以武当拳对阵，收服邪魔。

伴奏乐器有堂鼓、铜鼓、道锣、小锣、大钹、小钹，演奏特色鲜明。

3. 命魔斩罡风

命魔斩罡风是修水道教道场"午朝"中的一段舞蹈，表现将玉皇大帝的旨意传至天庭各界的过程。

表演者二人，高功（持朝板者）手握道教武功剑，上斩悬天索、下斩立地羁，如有妖魔阻挡，则画讳字斩。但见他眼观六路、耳听八方，脚踩罡步，手掐秘诀，抛剑接剑，动作刚劲神秘。知炉（持一支香者）双手各举一幡，代表四大天尊的命旗，向两边招展，动作灵动飘逸，寓意向天下传达玉皇大帝的旨意。两人均脚踏风火罡步，时而正面对舞，时而侧身相靠，时而背向旋转，时而上下呼应，舞步灵活，队形多变，是独具特色的男子双人舞。

伴奏以唢呐吹奏为主，伴有堂鼓、铜鼓、道锣、小锣、大钹、小钹等。

四、传统歌舞

1. 罗汉舞

白岭、桃树、全丰等乡镇流传罗汉舞,它创于明末清初,是一种群舞艺术。每年春节,大家迎财神、贺观音生日、参加庙会,都会表演罗汉舞。

罗汉舞分走阵、比武、叠罗汉三个部分,场面壮观,用宗教音乐和打击乐器伴奏,是融武术、舞蹈、演唱于一体的民间艺术。其中的舞蹈含单人舞、双人舞、群舞等。群舞有三十六人参加,其中三个"罗汉脚"是领舞,每个"罗汉脚"须托举七八人在舞台走圈,没有上乘武功者不能胜任。罗汉舞表演者穿戴打扮与其他罗汉服饰色彩、款式均不一样,与戏剧武生打扮相似,非常威武。他们的舞鞋是特制软底鞋,对质地要求高。

罗汉舞第一部分叫"走阵",以演唱《罗汉咒》为主,打击乐伴奏,表演"走全台""跑盘龙""梅花阵""风火阵"等。舞蹈手势多用佛手、挡手、挥手、推掌手、反扬手、正合手等,舞步有傩舞的高低步、民舞的圆场步、宗教舞中的缓步等。

第二部分叫"比武",打击乐伴奏,表演"擂叉""长叉""小短叉""盾牌枪""大刀枪"等,这部分把武术与武打戏的表演技巧展示了出来,打斗激烈,引人入胜。

第三部分叫"叠罗汉",打击乐和丝弦乐合奏,表演"罗汉出山""牌坊脚""大牌坊""小牌坊""金钟越井""荷花绽开"等,通过叠罗汉,展现刚柔并济的气势和千姿百态的造型,叫人回味无穷。

2. 打连枪

打连枪也是民间歌舞之一。连枪用一根六十厘米长的紫竹制作,上挖六个小孔,挂一串铜钱,抖动起来叮当响。竹棍两端扎红色丝线,表演者抓着竹棍在地面上敲打，边打边唱边舞，配上民间小乐，滑稽幽默，多用于神会、庙会与喜庆场合。因道具简单、携带方便、表演灵活，江湖艺人多用此谋生。

打连枪又称打纣棍，表达的是人们对历史上著名昏君纣王与妲己的痛恨。具体办法是：在耕牛的尾巴后悬挂一根短棍，耕牛一走，棍就拍打牛的屁股，催促牛快快行走，不得偷懒。这种原始的形式又被演绎为打连枪。打连枪有两种打法，一种是多人或双人组合，棍击棍，棍敲人，棍击地面，不停顿，有节奏地敲击。另一种是简单的单人打，表演者在自己的头、肩、背、膝、腿、足等多个部位敲击，随着击打动作，发出悦耳声音，加上伴奏音乐，让人赏心悦目。修水打连枪的打法由简单向复杂发展，原来仅有点打、扫棍、旋转扫跳等打法，后来发展到左右跳打、上下跳打、跨跳打、跳起转体打、扫脚来回扫跳等，变化多端，有十八响和三十八响等打法技巧。十八响有"锦鸡展翅""二郎挑担""明月戏蝉""鹞子翻身""嫦娥奔月""金蛇缠身"等技法；三十八响有"鲤鱼摆尾""出水芙蓉""蜻蜓点水""举火烧天""风摆荷叶""翻江倒海""海底捞针""白鹤亮翅""反弹琵琶""好运连来"等技法。表演打连枪的演员不但要有深厚的功底，还要有丰富的表演能力，讲究一气呵成，自然大方。打连枪表演是表演与技巧的完美结合，被许多剧种移花接木，成为特色表演。

3. 顶灯舞

又称"点天灯"，修水民间灯彩的一种，流传于黄港、全丰、上杭等乡镇。不同的乡镇，风俗及表演形式有所区别。

每到八月十五中秋夜，黄港镇各村会选出村中最漂亮的年轻女子，头顶一段竹节，竹节上置陶瓷青花水灯盏一个，盛满桐油，点燃盏内灯草。女子手持麻秆，找到竹林，有节奏地敲打竹子，边舞边唱，目的是祈求山神保佑竹林丰茂。上杭乡则在每年的元宵夜，在村头地坪上立一根凿了竹节的大毛竹，里面灌满桐油，插一根棉花捻成的大灯芯点燃。之后，每户安排一名女子，围着竹竿起舞。舞者每人头顶一盘，双手各托一盘，盘内都立一根点燃的蜡烛。起舞时，盘不能掉，灯不能熄。竹竿内的灯芯不熄，舞不息，人不散，以祈求新年幸福。

顶灯舞步伐主要有采莲步、十字步、连环扣,手腕要绕"8"字,手法有转花手、敲击竹竿等,还有跪拜神灵动作等,幽雅文静,能完美体现年轻女性之美。顶灯舞的伴奏音乐以本地花灯调为主,调式多为商、羽,旋律优美动听,乡土气息浓郁,如《十月怀胎》《下南京》等,同时以唢呐及打击乐器如木鱼、铜铃伴奏,风味独特。

4. 瓜瓢舞

瓜瓢舞是山区人民休闲时即兴发明的舞蹈。

瓜瓢一般用成熟瓠瓜切割而成,挖空、晒干,敲起来梆梆响,多用于舀水,也可用作歌唱、舞蹈时的道具。

每到农闲或农忙休息时,村民们抓起身边器物,用竹枝、树根敲打瓜瓢,随性起舞。舞步基本为脚踏步,每踏一步,双腿稍蹲。瓜瓢击打动作丰富,有上下打、前后打、头顶打、胯下打、跳脚打、对面打等;队形无规则,舞者自由走动。伴奏乐器为《孟姜女》《卖杂货》等民间小曲,场面活泼,节奏欢快。

5. 放排舞

放排舞是修水流传已久的排工歌舞。

修水是木材主产区,浩浩荡荡的木排从山林顺流而下,在县城西摆汇集,再顺修河到达鄱阳湖、长江。放排是修水一种常见的劳动。放逐木排,需要结对而行,互相照应。因修河滩多湾急,江水易涨易退,木排时而顺着激流一泻而下,时而搁浅在浅滩需排工下水撬排,时而进入静水区缓慢行走。这一切都为艺术创作提供了丰富资料。放排舞是一种号子舞蹈,排工们随时唱起高亢悠远的放排号子,或粗犷豪迈的撬排号子,或缠绵抒情的山野小调。号子声中,排工们的动作时而潇洒豪放,时而悠闲随意,时而刚劲有力。表演动作取材于劳动中,主要有丢篙、撑篙、顶篙、收篙、拖篙、点篙、撬排、摆刀、扳舵等。

第四篇 工 艺

一、修水贡砚

　　修水贡砚,又称赭砚,其生产制作主要分布于江西修水县及其周边地区。几寸见方的砚台,不仅展现了传统工艺之美,也展现了传统文化意蕴之美。

　　修水贡砚的历史源远流长。人们曾在修水渣津坪上的东汉古墓中发掘出一方砚台,这让赭砚的历史追溯到了东汉时期。至唐代,制作赭砚的手工作坊已经出现。宋时,黄庭坚将赭砚广送好友,使之名扬天下。清代,万承风献家乡赭砚于帝,帝喜,将其列为贡品,故赭砚又被称为"贡砚"。

　　贡砚之美,体现在天然造化的奇石之上。修水因地质原因造就了得天独厚的岩石地层单位,盛产贡砚石材,其色泽以自然赭色为主,并嵌有翠绿色。珍品中兼有如水草纹、金晕纹、鸡血藤纹等十多种丰富的花纹。

砚雕作品

　　贡砚之美,体现在精湛技艺与天然美石的结合中。雕刻者要因材施艺,根据砚材特征,凭借丰富的经验和奇特的想象,完成砚台造型与空间构造。而制作过程中最值得称道的,便是雕刻者善于运用镂空雕法和立体雕法,在精雕细琢中,每一步都是手心合一,每一刀都要丝丝入扣。

修水贡砚受到历代文人推崇赏识,这使得不同时期贡砚也被烙印上不同时代的文化价值。当代书画家赵朴初曾题词曰:"墨旧款新,山谷诗书曾得助;云兴波涌,神州文笔看腾辉。"欧阳中石赞:"细润若凝脂,天然造化奇。惊涛生砚底,玉版泛新词。"范曾谓:"砚出修水,字重苏黄。"直到如今,贡砚线条之美、雕刻之精,无不显露出中华民族文化的博大精深、源远流长。

《中国砚台图录》载:"赭砚,传统名砚之一……始出于唐代。"

《砚笺》中载:"山谷铭曰叔祖公溥得石溪浒剖璞见龟以荐书府",说明黄庭坚叔公曾在修水制过砚台,而黄庭坚尤喜家乡贡砚。

抗战时期,修水烈士丁建亚曾用自制贡砚磨墨撰写抗日文章,诉其保家卫国的决心,为时人所敬仰,也为贡砚增添了传奇色彩。

中华人民共和国成立后,修水木器社集诸多传承人制作贡砚,后虽几经辗转,但工艺一直流传于今。

此外,《云林石谱》《义宁州志》等文献中都有关于贡砚的记载。

王令在雕刻

修水贡砚制作步骤颇为繁杂,具体如下:

第一步,采石和选料。砚材通过露天采掘,清除废料后,还需通过"洗、看、摸、敲"来继续挑选石材,即用水清洗石头;看石质、石品;摸石头纹理;敲击石头,判断有无裂缝。

第二步,根据砚材的厚薄、形状、颜色来制作三大类砚台:第一种是高档异形砚,异形砚的制作以镂空的手法与写实的画面为主,此类砚的雕刻,要求作者融入其中,融合自然;第二种是造型砚,这种砚常用浮雕、立体雕等手法进行雕刻,充分地表现出图案相互叠错的复杂层次关系,给人以强烈的视觉冲击;第三种是素砚,多为圆形,配有盖子,雕刻以线条为主。此过程可分为几个步骤:砚台上勾勒草图、打粗坯、初步造型、精细塑造。

第三步,用砂纸打磨制作好的砚台,打磨的步骤为:砚堂—砚池—砚壁—砚底—砚侧。

第四步,给打磨好的砚台上蜡,使之更加细腻光滑。

砚台

修水贡砚的砚材以赭色为主,翠绿为镶嵌,兼分五色(青、黄、赤、白、黑),并且赭色厚度要高于贺兰石、紫袍玉带石、苴却石。贡砚砚材共有满天红、金晕、鸡血藤、绿豆青、鱼子纹、水波纹、水草纹、牛毛纹、木纹、天然山水等十几种名贵石品。砚材石质坚而不顽,触笔细而不滑,发墨速而不粗,储水久而不涸。贡砚雕刻综合了立体雕和深镂空雕之所长，更充分地表现出其图案相互叠错、起伏变化的复杂层次关系，给人以强烈的、扑面而来的视觉冲击。制作贡砚讲求因材施艺，精工细作，构图严谨，神形兼备。修水贡砚图案取材多样，有的源于吉祥图案，有的源于传统文化，有的源于生活场景，亦有反映重大活动等题材，可谓在物质世界之上，构筑了一个展现中国文化之美的精神世界。

修水贡砚因紫色厚度可达3—4厘米，所以主要采用深镂空雕和立体雕结合的手法，雕刻风格立体、明快爽利，展现了因材施艺方面又一种惊人的创造力和地方文化的突出实践能力。贡砚设计灵感多源于传统文化或现实生活，每方砚台都"讲述"着一段故事，且整体构型因石制宜，"精微大义""器用道显"的古典美学内涵跃然于砚台之上。

贡砚因其精湛的工艺和丰厚的内涵，自古以来就是文人雅士彼此馈赠、表达情意的佳品，其价值也逐渐受到了海外人士的关注，为促进文化交流起到了积极作用。每方贡砚可谓"都为精品，亦为孤品"。贡砚的纯手工性让砚台的工艺、品相、铭文、触感都别具一格，而且传承历史悠长，收藏价值甚高。

2021年，贡砚制作技艺被列入第五批国家级非物质文化遗产名录。

二、宁红茶制作工艺

宁红茶发源于江西修水,因修水古称分宁、义宁,也称宁州,故所产红茶简称"宁红",又因制作工艺属中国特有的工夫红茶,也称"宁红工夫"。宁红茶起源于乾隆晚期(约1785),扬名于道光初年,鼎盛于光绪年间,是我国最早的工夫红茶之一,有"茶盖中华,价甲天下"和"宁红不到庄,茶叶不开箱"之美誉。宁红茶是光绪至民国初年中国红茶的最高代表,也是我国传统的出口商品。

宁红茶主产区修水,属亚热带季风性湿润气候。这里生态优良,山水秀美,雨量充沛,气候温和,光照充足,森林覆盖率高达72.8%,拥有富含钾、氮、磷的红壤土质,特别适合茶叶的生长,有利于宁红茶叶中氨基酸、茶多酚的合成,芳香类和糖类物质较多,造就了宁红茶香高、味浓、醇爽的独特品质。

宁红茶是中国最早的工夫红茶之一,道光四年(1824)编录的《义宁州志》载:"道光年间宁茶名益著,种莳殆遍乡村……每岁春夏客商齐集,西洋人亦时至,但非我族类,道路以目,留数日辄去。"

"当代茶圣"吴觉农先生说:"宁红是历史上最早支派,宁红茶早于祁红九十年,先有宁红,后有祁红。"《祁门县志》记述"祁红鼻祖"胡元龙时载:"因绿茶滞销,特考察红茶制造之法。光绪元年至二年(1875—1876),筹建日顺茶厂,雇宁州(今江西修水)茶工舒基立,按宁红制法改制红茶,获得成功。"中国机制茶之父、滇红创始人冯绍裘先生,1934年在修水负责宁红茶机制技术,抗战全面爆发后赴云南,1939年在云南创建"顺宁实验茶厂"试制云南红茶,滇红因此创立。

光绪年间,宁红茶进入鼎盛期,并远销海外。光绪四年(1878),宁红茶在南洋劝业赛会上获取最高等文凭。光绪十七年(1891),漫江"厚生隆"罗坤化制茶一百箱在汉口销售,时逢俄国王子在汉口游历闻得盛名,特赠"茶盖中华,价甲天下"匾额(《罗氏家谱》,1935年重修本,卷二)。光绪三十年(1904),宁红茶被列为清朝贡品。光绪十八年至二十年(1892—1894),最高年输出量超过三十万箱(每箱二十五公斤),至光绪三十一年(1905),仍保持出口九千吨的水平，收入千万银圆以上，占全省农业收入一半。1913年，俄国驻汉总领事闻修水每年向俄输出红茶二十万担，特来县考察。

但随着印度和锡兰红茶兴起，宁红茶和众多中华茶一样遭遇欧美排挤、内战外辱、中俄贸易中断、日本掠夺，致使茶园荒芜、茶庄倒闭。到共和国成立前夕，全县茶园面积由鼎盛期的四十三万亩锐减至两万余亩。

中华人民共和国成立以后，由于国家的重视，宁红茶获得一定的发展。1958年修水茶厂成功创制两种品质优异的宁红茶，获中国茶叶出口总公司专电祝贺，同年特制六十七斤超级宁红工夫茶，向庐山会议献礼，获中央领导同志好评。1985年，宁红茶获农牧渔业部全国优质食品评比银质奖最高奖，"当代茶圣"吴觉农老先生赞其是"礼品中的珍品"，并题词称"宁红、祁红并称世界之首"。

宁红茶成品

2011年，宁红茶获批农业部"农产品地理标志"，同年获商务部"中华老字号"；2015年，成为江西省委省政府重点支持的"四绿一红"红茶品牌；在1915年巴拿马博览会获甲级大奖章一百周年之际，宁红茶又获米兰世博会金奖。

宁红茶制作方法讲究，工艺独特，首先体现为选料优等。宁红茶选料精细，一般在清明前开摘，优等茶只在清明前开摘。采摘时间多在早上八点钟后，此时云开雾散,空气清爽。采摘标准为单芽、一芽一叶初展,一芽一叶开展及部分一芽二叶,鲜叶采下后还要经过严格的拣选分级,使原料均匀一致,防止老嫩、劣杂混在一起。

品宁红茶

其次,宁红茶制作讲究体现在工序严谨。宁红茶制作分为初制和精制两个流程。

初制就是将鲜叶制成毛茶的过程。初制过程分为萎凋、揉捻、发酵、烘干四道主要工序。

第一步萎凋。将鲜叶摊放在萎凋槽内的萎凋帘上,蒸发部分水分,减弱细胞张力,使鲜叶失去原来硬脆状态,变得柔软。如遇雨天,则摊于室内通风处,所需时间较长一点。

第二步揉捻。将萎凋好的茶叶揉成条状并适度地揉出茶汁。通过揉捻,破坏叶细胞,使茶汁外溢于叶子的表面,借助空气中的氧气,加速多酚类化合物的酶促氧化,并使叶片卷紧成条,形成工夫红茶美观的外形。揉捻完成后,还需要经过解块才可以发酵。

第三步发酵。发酵亦称渥红,将经过揉捻的叶子放置于竹篓中,上盖湿布或棉絮,进一步增强酶的活性,促使茶黄素、茶红素达到最佳比例。等到叶及叶柄呈古铜色、散发茶香,即成毛茶湿坯。

第四步烘干。烘干是将湿坯置于炭火烧透的烘笼顶上,第一次(毛烘)温度在九十摄氏度左右,每烘五至十分钟翻一次,烘一个小时,起迅速终止发酵作用;第二次(初烘)温度在八十摄氏度左右,每十五至二十分钟翻一次,烘一到一个半小时,即成干毛茶,起烘干作用;第三次温度在九十摄氏度左右,烘一个小时,起提香作用。

宁红特种工夫红茶——龙须茶初制工艺则是在经萎凋、揉捻、发酵、初干以后,外加"扎把"一道程序。

精制。由鲜叶初制后的成品茶,称为毛茶。由于采摘和初制过程中,毛茶带入一定数量的茶梗及杂质等,必须通过再加工,这种再加工的过程,称为"精制"。毛茶精制目的主要是整理形态、增强美观,便于包装和运输等。

宁红工夫茶精制的生产方法如下:毛火(熟做)—筛分—拣剔—补火(又称复火)—匀堆装箱等。

2017年,宁红茶制作技艺被列入第五批省级非物质文化遗产名录;2021年,被列入第五批国家级非物质文化遗产名录。

三、修水哨子制作技艺

"修水哨子"是修水的地方小吃,"哨"字应该是"食"字偏旁,是方言音译,现代汉语中没有这个字。

修水哨子是修水县一种历史悠久而富有特色的美味食品。凡到修水的人无不想美餐一顿哨子,而好客的修水人常以哨子佳肴来款待自己的客人。只要是亲口尝过哨子的人,无不为其皮嫩、馅香、爽口而称赞不绝。

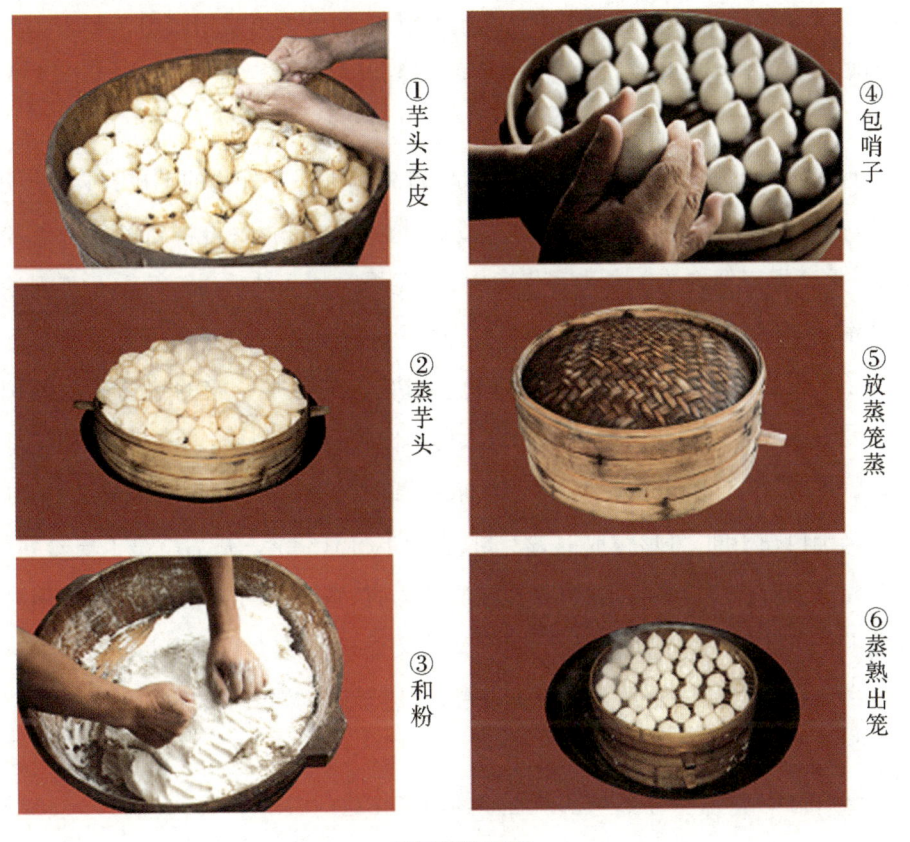

① 芋头去皮
② 蒸芋头
③ 和粉
④ 包哨子
⑤ 放蒸笼蒸
⑥ 蒸熟出笼

哨子制作流程

说起修水哨子的来历,修水群众中还流传着一段佳话。相传夏禹时代,修水地区山洪暴发,农田、村庄被毁,作物颗粒无收,农民靠上山采野菜、野果为

067

生。后大禹来到修水,组织群众治理好了水患。当地群众十分感谢大禹治水的功绩与恩德,可在那荒年灾月里又拿不出好的东西。大家想到治水期间,多少个日日夜夜,大禹和群众一起辛勤治水,连餐饱饭都没有吃过,很是过意不去。当时修水山高林密,有位老农提出,大家上山搞点野味来为大禹送行,略表心意。于是大家商量好后,就一边派人上山挖野山芋,一边派人打野味。就这样,人们把挖来的野山芋煮熟后擀成皮子,把野兽肉切作馅子,包成一种外形上尖下圆的食品,取名为哨子,献给大禹。大禹和大家吃后觉得味道很不错,从此修水人制作哨子的技艺,代代相传,而且哨子越做越好吃,成为修水食品一绝。

现在每当逢年过节或亲朋往来或重大喜庆的日子,修水人都作兴做哨子,以示庆贺和款待亲朋。不过时至今日,修水人吃的已不再是用野山芋和野兽肉做的哨子,随着生活水平的提高,哨子的用料也越来越讲究,在制作上也大大改进。

现在常吃的修水哨子的一般做法是:首先剥去毛芋外边的毛皮,将新鲜的毛芋洗净入锅煮熟,等其凉至20℃—25℃,把其搅成糊状;再将新鲜的红薯粉(每斤毛芋配三两左右)拌入毛芋糊中,在搅拌时加入些香油(每斤毛芋配油3—5钱),拌成的料以软而不粘手为宜,拌好料后放置待用。拌完毛芋料再配制馅子。爱吃甜食者可用白糖、芝麻粉、橘饼、桂花等加一定的猪油或香油调制。爱吃咸食者可用腊肉或火腿加入大蒜、虾仁等配料制成。等两种料馅备好后,就可做哨子了。包时先把毛芋料捏成小圆团,大致像普通包子的包法,把制成的馅子包在中间,外形包成上尖下圆,表面不得有裂缝。最后就是上笼蒸熟。蒸时先将锅内水烧沸,水量以覆盖蒸笼底层为宜,将装好的蒸笼放入锅内,用大火蒸15—20分钟即熟。蒸熟后的哨子又软又香,趁热装盘可食。

当然修水哨子仅凭我们介绍难以展现其美好,欲知其味,还得到修水去亲口品尝为快。

修水哨子在2010年名列江西省非物质文化遗产名录。

四、修水石楠木梳

石楠木梳,是修水的传统产品,因采用南方特有的石楠木制作,故名。石楠木梳在二十世纪八九十年代曾经辉煌一时,不仅被评为省优,而且畅销三十余国,成为修水创汇的主要产品。

据《修水县志》载:石楠木梳以石楠木为原料精制而成,质坚,性能胜于金属、骨类和塑料等。其特点是梳齿均匀,齿面平直光滑,不易变形,梳头不挂发、断发,解痒去屑,不易产生静电感应。长期使用,有活络大脑神经之功能,且小巧玲珑,便于携带,既实用又可供把玩欣赏。

修水制作梳篦的历史悠久,明末清初就有梳篦生产的作坊,主要生产圆背梳、条形梳和篦子。到民国时,已有了制作石楠木梳的家族,其中以县城老硝厂黄寿梅家"黄记"木梳最有名。黄家世代以制梳为业,中华人民共和国成立后尚有其子黄维清等四人从事木梳制作,但此时仅生产纯手工的圆背梳,俗称"月亮梳"或"婆婆梳"。直到1962年黄维清一家被县百货公司收编,修水的木梳作坊才宣告结束。1970年,百货公司木梳组转到五金工艺厂,1974年转入木器厂,次年即1975年并入县工艺美术厂,木梳车间正式组建,注册"孔雀牌"商标,成立设计创新小组,设计师有徐智华、万根平等。他们购买机械设备,开始石楠木梳的批量生产。本着"工艺品日用化,日用品工艺化"的原则,修水石楠木梳在短短的几年时间里取得了长足的发展,不仅由纯手工发展到手工与机械相结合,而且由单一产品开发了人物、花卉、鸟兽、风景等几大系列,每一系列又有烫花、印花、彩绘、雕刻等,品种共达一百八十四个之多,并在1984年被评为省优产品,填补了修水省优产品的空白。产品除畅销各大城市及旅游景区,还外销美、英、日、法、挪威、荷兰、意大利等诸国,不仅成为修水创汇的主打产品,也成为与江苏常州梳篦并驾齐驱的品牌之一。

二十世纪九十年代初,因集体企业改制,修水的石楠木梳与其他工艺品一样,步入了私营发展之路,原县工艺美术厂万根平厂长于1994年创办了江西省万顺特艺有限公司,继续研发、设计、生产石楠木梳,开发产品近千种,如在整板梳的基础上开发了背嵌、插齿、镶柄等多种镶嵌梳,在平面齿的基础上开发了韭菜齿、宝剑齿、O形齿、三角齿等多种类型,产品销售三十多个国家,出口量居全国之首,成为当时的行业翘楚。但由于2016与2018年两次股权变更,公司改变经营策略和生产方向,修水石楠木梳生产全面停止,制作艺人李夏春、周春兰、刘韵芳、郑美莲、胡庆梅、邹银香、徐春燕等均在家赋闲或养老。

　　南方特种石楠,木质坚硬,质地细密,叩之作金属响,声音清脆悦耳,用来做木梳不仅手感沉,而且便于开齿、雕刻,且梳齿不变形、复位快;又其色泽红中带紫、紫中蕴金,素面淡雅明丽,上漆则光艳夺目,在其上印、烫、雕刻均极为漂亮。石楠木多不规则斜纹,木梳因此不易断裂分叉,经久耐用又不伤头发,而且虬状的纹路,使梳板纹理花样多变,水纹状、云霞状、山峦状、奇峰状等不一而足,有的像花草,有的像虫鸟。巧妙利用其大小、色彩、纹理的变化,可以制作各种不同形象、风格和造型的产品。另外,石楠木梳在传统的基础上融合了现代技术中的锯梳板、蒸煮、烘干、选料、刨板、开齿、砂光、洗齿、成形、砂外形、喷漆、抛光、拉槽、相嵌、上胶、绘彩、印(烫)花、检验、包装等二十道工序,保障了石楠木梳的美观与实用。

五、麟祥堂罗盘

修水麟祥堂罗盘产地在水源乡石泉村,距离县城八十三公里,北倚幕阜山脉的黄龙山,南与湖南省平江县接壤,是修水县最偏僻的山村之一。

罗盘又名罗经,是古人根据指南针原理与阴阳八卦理论相结合而制造成的定位仪,曾广泛运用于天文、地理、军事、航海以及住宅选址等方面,是一种重要的传统仪器和实用的民俗工艺品。

麟祥堂罗盘制作工艺精湛,做法考究,产品热销全国各地,在港、澳、台地区更是深受欢迎。由于它特有的历史文化内涵,对增进两岸同胞亲情、传承中华优秀文化、促进交流与合作起到了积极的推动作用。

修水麟祥堂罗盘是传统手工技艺与民间信仰相结合的产物,传承了"赣盘"独有的特征。

罗盘传承人卢龙峰在工作

麟祥堂罗盘由一个圆盘和一个方盘（古人称它为天盘与地盘）两部分组成，象征古人的"天圆地方"之说；盘面形状与我国古代建筑物四合院的外形相似，故被称之为"四水归堂形"罗盘，有纳福聚财之意；从外观颜色可分为原木色罗盘和阴阳色罗盘两种，阴阳色罗盘由红、黑二色组成，红色属阳，黑色属阴，彰显阴阳分明之理；背面的四个角上刻有"福、禄、财、寿"四字，象征吉祥如意。

盘面上十天干、十二地支文字要遵照"甲字田中虚，乙字青龙舞，子要开腰，丑中莫嚣……"等祖传口诀书写，写红色字的墨料要用雄鸡冠血冲朱砂粉调制；装天池磁针要选在夜间子时，装针前要沐浴斋戒；制作好的罗盘要按祖传仪式进行开光。

制作麟祥堂罗盘的设备与工具有手动车床、手锯、刨子、凿子、锤子、三角尺、钢尺、圆规、刻线刀、镊子、玻璃刀、毛笔、砚台、油漆刷等。

罗盘

麟祥堂罗盘代表作品从外观造型上分，有四水归堂形罗盘和平面形罗盘；从外观颜色上分，有原木色罗盘与阴阳色罗盘；按盘面内容分，有三合盘、三元盘、综合盘；按罗盘尺寸大小分，有三寸盘、五寸盘、六寸盘、七寸盘、八寸盘、十寸盘、十二寸盘等多种。

建于清代乾隆年间的麟祥堂罗盘老作坊，是麟祥堂罗盘生产与传习的主要场所，位于修水县水源乡石泉村，占地面积两千多平方米。

麟祥堂罗盘具有多方面价值。麟祥堂罗盘传承了中国古代四大发明之一——指南针的制作技术，是古老"赣盘"的典型代表，具有悠久的制作历史。

麟祥堂罗盘内容包罗万象,由周易八卦、河图洛书、阴阳五行、十天干十二地支、二十四节气、二十八星宿等符号和文字组成,涵盖了中国古代天文学、历法学、阴阳学、五行学、易学、风水学、环境学、建筑学等方面的文化信息,是中华民族传统文化的瑰宝。

　　麟祥堂罗盘传承了赣盘特有的"四水归堂形"特征,纯手工制作,工艺精湛,深受广大爱好者和收藏家的喜爱,具有极高的赏玩、研究和收藏价值。

　　修水麟祥堂罗盘制作技艺,历代遵循"传子不传女,传媳不传婿"的家规,仅限家族内传承。由于它传艺的局限性和纯手工制作的高难度,能够掌握这门技艺的人少之又少,几近失传。

　　2017年,麟祥堂罗盘制作技艺被列入江西省非物质文化遗产名录。

六、石雕

　　修水矿石种类丰富,有黄龙山的花岗石、征村的青石、四都的大理石等。这些石料被广泛应用于制作房屋门柱、墓碑、桌面、砚台等,留下了许多优秀作品。如上奉集中连片民房采用花岗石做梁柱,精致美观,坚实大方;山口、漫江等乡镇许多老的民房,喜欢用青石做窗框、桌面、柱础,虽经数百年风雨侵蚀而不倒。以前的石雕,全手工制作,基本采用浅浮雕、阳雕等技法,素材多用蝙蝠、梅花鹿、喜鹊、龟鳖等,通过组合,表达出喜鹊登枝、福禄双全等美好寓意。随着电脑技术、机械操作的引进,现在的石雕作品种类更加繁多,造型细腻美观,用途更加广泛。

七、木雕

　　木雕是一种传承久远的工艺,在修水被广泛应用于门梁、窗棂、桌椅、图章、花轿及大量宗教用品。木雕使用的多是质地细腻的树木,如梨木、樟木、楮木等常见树木,采用深雕、透雕、浅浮雕等技法。随着电脑技术、机械制品的应用,木雕品种进一步丰富,产品增多,市场进一步扩大。与之互相促进的是根雕艺术的进步,民间艺人充分利用修水丰富的竹、木根,利用其自然生长形状,加以精巧构思,通过雕刻,创作出精美作品,产品供不应求。

八、制陶

制陶是伴随着远古人类告别茹毛饮血的生活习惯，进入刀耕火种的饮用熟食时代的一种必备工艺。要蒸煮食物，要烧开水，都离不开陶器。

修水的山背文化遗址发掘的种类繁多的陶器，充分说明四千多年前，先民已经熟练掌握了陶器的制作、使用技术。

二十世纪九十年代，修水农村使用的水缸、米缸、茶桶等，基本都是陶器。还有殡葬时，亡故的人会被装在陶棺中下葬。所以说，陶器与人们生活息息相关。

修水是制陶大县，以前主要集中在白岭、古市、上奉、何市等，随着金属、塑料制品纷纷取代陶器，当前仅剩下古市、何市两个制陶点。

制陶1

并不是每个地方都适宜制陶，因为制陶对土质要求非常高。要知道土质好坏，必须挖开表土层，查看深土层，最重要的是看土壤含沙量，含沙太多不能制陶。好的陶土，呈深灰色或褐色，握上去要绵软，有黏性。原始的陶土还不能制陶,需用牛或人力反复踩踏做成熟料,才可以制作。

　　制陶是技术含量非常高的工作。制陶所需工具简单,根据不同产品使用不同工具。如制作罐、钵等小型用具,仅需一个转盘。艺人切取陶土放置于盘上,转动车盘,根据需要,手随心想,一气呵成,主要工艺有打水、手挛。制作大件器具如陶缸、陶棺等,则需一块合适的托板,置陶土于托板上,先做底部;完成一部分后停工,晾干,之后加一部分,每加一次要内外抛光,力求匀称美观。制作时手劲要匀,眼力要足,陶器经过多次加高、晾干,直到完成需要的作品,还要做沿、打花。

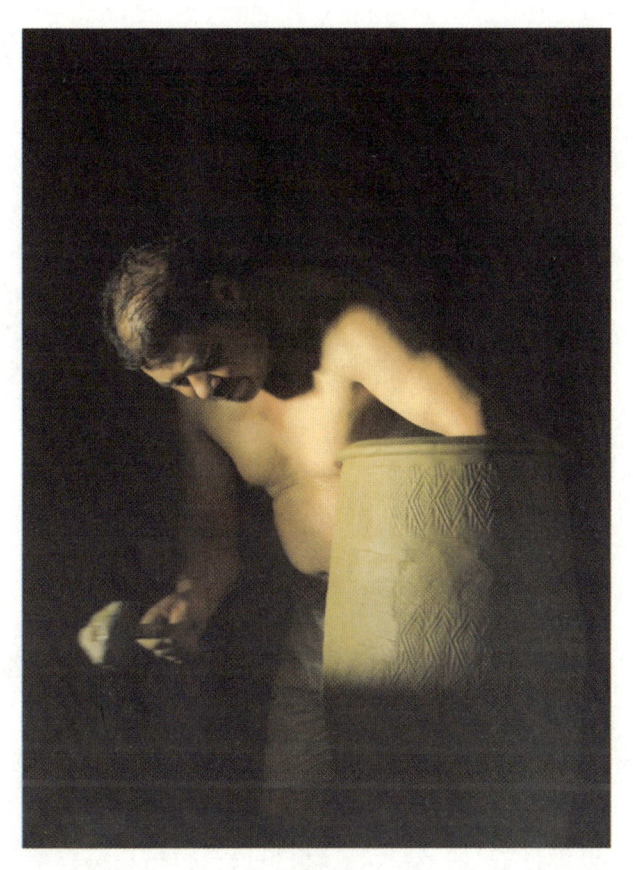

制陶 2

　　陶器粗坯完成后的下一道工序是上釉,上釉一是可以弥补陶器上形成的沙眼,二是可以增强陶器的美观度。以前使用土釉,配方是稻秆灰沉淀物加上上等陶泥晒干粉碎后的粉末,两者混合而成。现在一般使用商店销售的工业釉料,颜色丰富,质量更好。

  陶器制作的最后一道工序是煅烧,用的窑叫蛇形窑,又叫隧道窑。窑身呈15—25度角。古法传授:一尺加高一寸半,以此类推。窑口火头80厘米,向里逐步扩大。窑室三至四尺远一间,两边有火口,窑顶上拱砖。陶器进窑须平稳轻放,大件套小件。烧火讲究匀猛两字,温度升至900℃—1300℃时,陶器即制作完成,两天后就可以出窑。

(山谷花开)

九、剪纸

修水剪纸艺术源远流长，可以追溯到唐宋时期。剪纸传人基本是妇女，修水妇女勤劳聪慧、心灵手巧，使剪纸艺术得到传承发扬。修水剪纸艺术，材料易得，成本低廉，工具简单，技巧祖传或自创，作品装饰性强，适用范围广，深受群众喜爱。

修水剪纸分为两类：一类是民间剪纸，是用剪刀剪出来的纸品；一类是工艺美术和灯彩的剪纸，一般用蜡版刻刀刻出图案。

修水文化底蕴深厚，剪纸作品也生动地体现了这一特点。如春节剪纸作品，门楣有"春满乾坤福满门、恭喜发财、四季平安"等；窗花有"喜鹊闹梅、丹凤朝阳、鲤鱼荷花"等；门花有"万事如意、全家福"等；厅花有"春满人间、金玉满堂、年年有余"等。精彩的作品，美好的祝福，为春节增添无限喜气。

剪纸是考验年轻女孩综合素质的项目。男女相亲，一见钟情，女孩表达的方式就是送一些剪纸作品或绣花作品给男孩，经常用的有绣着"百年好合""白头偕老"字样或图案的手帕、鞋垫，既表达深情，又是一种展示："我不但干得粗活，还精通细活，选择我你无悔。"在婚嫁之前，有才情的女子，更是大显身手，准备好新房房门、帐子、枕头、被芯等的剪绣作品，到达婆家后，一一摆上、贴上，展现自己的才能。

剪纸工艺在修水灯彩活动中得到充分应用。修水灯彩种类繁多，有宫灯、船灯、跑马灯、麒麟送子灯、荷花灯、三阳开泰灯等数十种。通过剪纸作品的精彩展示，一个个活生生的人、精彩动听的故事被观众接受。现在，灯彩较集中的乡镇有全丰、白岭、古市，有表演团队数十支。

修水的民俗活动也离不开剪纸，如葬礼，经常使用的有灵堂桌屏、灵屋、仙鹤、凤凰、金银山、聚宝盆、摇钱树、经幡等。一些驱邪仪式上，要备好纸人、纸马、纸车、纸船及神话人物姜太公、钟馗、灵官等，这些均是剪纸作品。

剪纸艺术在修水根深叶茂，雅俗共赏，随着时代进步，它已经与产品包装设计、商标广告、室内装饰、舞台艺术等紧密结合，获得了新的生命。

十、纸扎

纸扎,含纸糊、篾扎,是一种随习俗而生的民间工艺,来源于古代民间祭祀活动,后来主要用于喜庆或丧葬活动。其工艺制品主要以竹、木为骨架,以线、绳固定结构,再糊彩纸或剪纸装饰而成。

修水纸、篾扎工艺大概兴起于唐宋,明清时盛于城乡。每逢节日或喜庆之际,民间艺人各显其能,扎制各种色彩艳丽、造型拙朴、寓意吉祥的灯具、吉祥物等手工制品,以增添喜庆气氛。同时,它也为丧葬、祭祀场面增添色彩。因此,纸扎的主要用途有两方面:一是喜庆场合的,多扎飞禽走兽、花卉虫鱼;二是丧葬用,多扎神像、灵屋、门楼、牌坊、车轿、饮食器皿、供品等。

修水纸扎最有代表性的是全丰花灯,纸扎代表性传承人有曹华山、戴水平、杨大会等。他们制作的跑马灯,点燃蜡烛后能自动旋转;扎制的神话故事灯彩如"董永卖身救父""八仙过海""唐三藏取经"等,惟妙惟肖、栩栩如生。

十一、修水香文化

我国香文化有着五千年以上的历史。上海市青浦福泉山高台于距今四千至五千一百年的良渚文化墓地考古发掘出土了目前为止最完整的新石器时代陶质竹节带盖熏炉，开启了后世用香炉焚香的先河，可称为中华第一炉。《尚书·酒诰》曰："弗惟德馨香，祀登闻于天。"宋代丁晋公（丁谓）《天香传》曰："香之为用，从上古矣。所以奉神明，可以达蠲洁。三代禋享，首惟馨之荐。"香的使用与中华礼乐文明有着密切的关系。

晚唐五代至两宋时期是中华传统香事中文人香事的起源与定型时期，文人香事主要流行于洛阳、开封、杭州、泉州、成都等当时的大都市。焚香、点茶、插花、挂画，成为文人生活中不可或缺的四般雅事。这一时期的香事代表人物的著作及学说有晚唐五代李珣的《海药本草》、五代韩熙载的"香花五宜"说、北宋李昉等编纂的《太平御览·香部》、丁谓的《天香传》、颜博文的《香史》、沈立的《香谱》、洪刍的《香谱》、叶庭珪的《南蕃香录》《名香谱》、曾慥的《香谱》《香后谱》、南宋陈敬的《陈氏香谱》《新纂香谱》。此外，苏轼、黄庭坚、陆游等留下了较多与文人香事相关的文章、诗词歌赋。

黄庭坚是宋代文化的杰出代表，在文学艺术上，学问文章，天成自得，诗风广被后人流传，为"江西诗派"之宗；在书法方面，他擅行、草书，楷书也自成一家，与苏轼、米芾、蔡襄一起被誉为"宋四家"；在茶艺品茗上，他也是茶道高手，以"分宁茶客"闻名。大家不太了解的是，黄庭坚还是一位善于辨香、品鉴香味的人。

中国文人很多爱香，从早期屈原的香草之恋，到唐宋文人的大量咏香作品的出现，文人与香结下了不解之缘，中国文学与香文化之间从此便有了千丝万缕密切而微妙的关系。香成为文人生活中不可缺少的一个部分，又被作为题材融入文人的大量作品之中，促进着香文化的发展。

黄庭坚也是如此。他极其爱香，其《贾天锡惠宝熏乞诗作诗报之》云："贾侯怀六韬，家有十二戟。天资喜文事，如我有香癖。"他毫不讳言地称自己有"香癖"。其《题自书卷后》说："崇宁三年（1104）十一月，余谪处宜州半岁矣。官司谓余不当居关城中，乃以是月甲戌，抱被入宿子城南。予所僦舍喧寂斋，虽上雨傍风，无有盖障，市声喧愦，人以为不堪其忧，……既设卧榻，焚香而坐，与西邻屠牛之机相直。"有香的相伴，无论是自己的待罪编管，还是房屋的不蔽风雨、环境的喧闹嘈杂，都无法干扰到黄庭坚的心性。香对于黄庭坚来说是如此的重要。

　　黄庭坚在香文化发展史上也做出了巨大的贡献，不仅写下了许多制香之方，还有很多咏香的作品，表达其对香的品评与参悟。

第五篇 民　　俗

一、姓氏文化

修水姓氏丰富,多属外迁至修,据《江西通志》载,修水有姓氏一百五十七个,其中,有陈、刘、黄、戴、王、周、徐、胡、卢、熊、查、荣、钟等二十九个著姓,六十一个较次姓,五十个稀姓。

修水以姓氏为基础的家庭观念浓郁,俗称"修水有个抱子石,出门三日就把家里哇"。封建社会崇尚数代同堂,家庭成员以长者意志为重,形成家长制。家庭财产为家庭成员共有,其主要成员有支配财产的权利。父辈亡故,长兄主持家事,负有抚养弟妹的义务,俗称"长哥长嫂当父母"。倘若分家,男丁参与分配财产,除独生女儿外,女儿不参与财产分配,也不承担赡养父母的义务。家产继承,长幼平等,入赘者享有同等权利。兄弟分家,一般请叔伯或母舅主持,以抓阄为准,俗称"万贯家财凭阄倒"。中华人民共和国成立后,各地执行《中华人民共和国婚姻法》相关规定,但在偏远山区,依然凭习惯处事。

修水有俗语称"只有千百年的家门,没有千百年的亲戚",形象地说明了家族在生活中的重要性。因当地人口多是从外地迁入,为方便生产、生活,修水形成了家族聚居的地方特色,如白岭镇以胡姓、周姓、晏姓最多,全丰以曹、戴、余、杨为主,路口以丁姓居多,马坳以车姓、戴姓居多。在很长的时间里,家族内部长幼有序,处事遵循"家事有家长,家事由家长"的原则,为维持秩序、发展生产发挥了作用。

家规是家族制定的家族规矩、家法和礼仪规范,不同的家族制定有不同的家规,主要依据《朱子治家格言》《三字经》《弟子规》等,强调"孝悌忠信礼义廉耻"的做人准则,如黄姓宗谱制定的十则家规训条——正名分、崇礼教、端风俗、谨婚嫁、清世次、植恒业、严非僻、慎继业、守先茔、安本分——就非常有代表性。有的家规是对行为习惯的约束,比如上奉张祠规定每年给六十岁以上老者送猪肉三斤,给七十岁以上的送猪肉五斤;还有的家规约定给考入大学者奖励多少钱等。

对违反家规者,家族按照家规处置,以前有关谷仓、跪祠堂、站柱头、打板子等处罚,现在则对这些行为予以禁止,提倡以法律法规和道德行为准则教育、规范人的行为。不可否认的是,家规在特定的历史时期,发挥了积极的作用,有的家规,至今还有教育意义。如全丰戴姓家规、双井黄氏家规、桃里陈氏家规,都因为它们包含的爱国、敬业、奉献、创新等时代精神,被中纪委向全国隆重推介。

堂号是对家族诞生地或先祖郡望功德的确认与记忆,有的说明某特定家族诞生的地方,如李姓"陇西堂"、黄姓"江夏堂"、张姓"清河堂"、陈姓"颍川堂"、罗姓"豫章堂"等;有的以分支始祖发祥地为堂号;也有的以先祖道德文章功德为堂号,如戴姓"注礼堂"等。

二、谱牒

谱牒由记载古代帝王、诸侯、士族世系和事迹的文献演变而来,以父系家族世系、人物为中心,反映一个家庭的演变历史。它是华夏文明史中具有平民特色的历史图籍,是珍贵的人文资料,广泛涉及历史学、民俗学、人口学、社会学和经济学等多方面,对人文历史研究具有独特作用。

早期谱牒仅限于王族,继而扩展到士族。隋唐实行科举制后,以宗法制为基础的官方修订谱牒制度发生重大变化,影响到民间,家谱作为宗族体系重要组成部分在普通姓氏中得到推广,出现了以欧阳修和苏洵为代表的谱系编纂体系,沿用至今。

修水是谱牒编修大县,据县谱牒协会统计,全县二十世纪八十年代末编修谱牒十八种,九十年代增加到一百八十三种,全县第一轮续修谱牒超两百种,约十九万册。进入二十一世纪后,谱牒工作更是蓬勃发展,呈现出族族修谱的势头。谱牒质量也大为提高,不仅接续世系图表资料,而且更注重文献资料的取舍考证,对古文大多进行标点断句、分类编排,体例更合理,图文并茂,装帧设计更考究。1999年,修水谱牒研究工作者着手编纂《修水县姓氏志》,收录全县三百零四个姓氏资料,成绩喜人。

谱牒的基本要素有:世系图表、家族历史、行辈字派、家法族规、古迹族产、人物传赞、艺文、领谱字号、序跋等。世系图表,主要记录家族男丁姓名、字号、生卒时间、葬地、配偶姓氏及生卒时间、生育子女、子名、女嫁于何地何姓等,有功名者记其简历。家族历史,以家族源流或族姓渊源的形式放谱牒卷首,叙述本族姓氏来历、迁徙历程、兴盛始末、祖宗事迹等。行辈字派,是规范一族辈分的工具,新生儿必须按行辈字派取名,直观体现辈分。行辈字派多由五言诗或四言诗组成,用字要吉祥,表意要简练,格律要和谐,多由家族中博学长者拟就,经家族长者讨论通过。家法族规,谱牒中多载有教育、训诫子孙的律条,由家族长者执行这些律条。古迹族产,对家族的祠堂庙宇、先人陵墓、田地山场等,多载谱牒。人物传赞,对本家族优秀历史人物,一般以传记记载之,有的配图像,附赞文,以彰显先辈业绩、教育后人。艺文,记录族人的诗词、楹联、辞赋及墓志等。领谱字号,一般以支房为单位结合人口数量分配,以诗句或数字编号的形式分发。序跋,由家族德高望重的长者撰写,序置于谱首,一般概述家族历史文化,起提要引读作用;跋置谱尾,一般记载本谱编纂经过,表彰有功者。

谱牒体例。家谱一般设凡例,确定指导思想,明确入谱标准,规范编排格式等。指导思想方面,以"义例"确定,最基本的是"为亲者讳""隐恶扬善",强调用典型的人和事教导族人,但是杜绝将坏人坏事写入家谱,以免产生负面效应。"凡有干谱例,当削不书",称为"铲谱",有意识地取舍,让家谱的全面性、真实性受到影响。入谱标准方面,也用"义例"确定,如收录图文,先确定等级标准,以前以官衔为贵、富者次之;现在修谱,尤其重视知识分子,把有学问的族人放在显要位置,其他行政、事业单位人员次之。家谱编排格式,多以图、文、表三种形式呈现,谱的卷首一般以图文形式综合各种体例进行编排。现代谱牒强调逻辑层次关系,一般分为源流、文化、人物、艺文几大类进行编排,事以类聚,类以时序。作为一种具有悠久传统的文化现象,谱牒文化值得挖掘、发扬。

三、宗祠

　　宗祠是供奉祖先灵位、举行祭祀活动、商讨族内重大事务的场所,是编纂家谱的办公场所,在特定时期,还具有族人读书、商务的功能。宗祠主体建筑是祠堂,规模宏大的设置亭台楼阁、池塘、园林等附属设施。修建祠堂的经费,主要是家族人口费、个人捐资等。

　　祠堂,最早出现在汉代,一般建于墓地,叫墓祠。南宋朱熹在《家礼》中立祠堂之制,后将家庙称为祠堂。至元朝,朝廷禁止民间立祠,把皇室或贵族的家祠称祠堂,其他称宗祠。元末,修水民间开始建祠,清乾隆至光绪年间最盛,全县多数姓氏在居住地之外的县衙所在地义宁镇建祠堂,县城最多时有祠堂一百三十座,其中戴姓在县城就建有祠堂四座,除万家坊卢家巷与衙前街黄金巷的因城市建设拆除外,余自荣巷戴祠与赈铺巷戴祠至今犹在,并由政府修缮一新,供游客与市民参观游览。祠堂多以中轴线布局,砖木结构,一般由大门、仪门、走廊、寝堂、厢房、戏台、厅堂组成。祠外封火山墙,用青砖砌、小青瓦遮盖、斜坡顶装饰,显得典雅雄伟。院落有二进、三进、四进之分,祠内厅堂为正厅,又称祭堂,是举行祭祀仪式或议事的地方,空间大,用石柱或上等木材做柱子和横梁,柱础一般为鼓形石墩构建。寝堂安放祖宗牌位,庄严肃穆。

　　修水祠堂祭祀功能较弱,世俗氛围浓郁,这是它的一个显著特点。多数祠堂集雕刻、绘画、书法、文学于一体。堂号书写典雅大方,多请书法功底扎实人员书写,高挂正堂,两旁挂祖宗画像。正堂两侧高悬历朝御赐褒典、诰敕、匾额、名人牌匾及祠堂序等。祠堂序一般由本族知名人士或请社会贤达撰写,如县城的先贤韩子祠就由万承风在清乾隆年间作序。有的家族考取过举人、进士,会在祠堂门前摆放举人、进士旗杆石、旗杆墩。不少祠堂的墙上张贴绘画、书法作品,横梁、柱础雕刻精美,是家族对外宣传的好窗口。如全丰镇余家宗族,厅中八角棱边缘、厅两旁走廊前戏台边缘、后神台横梁,都雕刻栩栩如生的神话人物、生动活泼的鸟兽虫鱼。还有的宗祠延续数百年历史,坚持戏曲演出,培养年轻演员,成为地方文化宝贵的财富,如全丰戴家的凤舞班、余家的春林班,每年演出数百场。

宗祠在不同的历史时期发挥着不同的作用,如在明末清初商贸繁荣时,宗祠发挥着联络族人、提供服务、推动商贸的作用;在土地革命战争时期,许多宗祠成为革命力量的指挥机关,如白岭沙坪杨祠就是杨祠暴动委员会驻地,全丰余氏宗祠是中国工农红军第一军第一师第一团驻地。

不论县城还是农村,宗祠一度破败,宗祠文化一度冷落。随着经济文化的发展,近些年,宗祠修建越来越得到各姓氏重视,占地规模越来越大,投资越来越多,呈攀比势头。与此同时,作为家族成员需承担的丁费已经影响到一些家庭的生产、生活,不能不引起各级党政机关的重视。另一方面,祠堂如何使用、祠堂文化如何发扬光大,也是一个急需探索解决的问题。

四、乡规民约

乡规民约以前是由乡间绅士邀集地方有名望的社会人士商议制定的行为准则,提倡怎样做,禁止怎样做,并以奉宪严禁的形式刻在石碑上,立于交通要道边。

明太祖朱元璋为整治社会秩序,实现教化育人,下诏至州县,设申明亭一个,凡管辖范围内有过错、犯过法的,都录在申明亭内;又设旌善亭一个,位置与申明亭并列,但是基础要高三个台阶。管辖范围内有善行义举,都记录在旌善亭内。明朝统治者通过申明亭和旌善亭的鲜明对比,达到惩恶扬善、崇仁尚义的目的。这是乡规民约发展的基础。

修水向称"文章奥府之地,节义之名区",乡风一贯淳朴,数百年间尤其善于用乡规民约这种老百姓喜闻乐见的形式教育人民,至今尚留有多处碑刻,如渣津镇长仑村五福殿内保留着十块,涉及完税、保护山林资源、禁赌、戒滋扰生事等多方面。帅塅村泉坑路边的乡规民约石碑,高1.2米,宽0.9米,名曰"保甲奉宪严禁",是由当地贤者八十九人经过商议,订立的乡规民约,内容涉及严禁偷盗扒窃、开场赌博、参与邪教、聚众械斗、伤风败俗、私宰耕牛、损害庄稼、扰乱社会治安多方面,于光绪十年(1884)立,至今保存完好。

乡规民约一经订立就有强制效力,由民间议会采取多种形式监督落实。民间议会是民间自助团体,有联村多姓议会、一村诸姓议会、宗族议会、公头议会等。民间议会结合老百姓需求,订立惩罚措施,推动乡规民约执行。如司前村议会规定,盗一兜红薯罚谷十斤;三都梁口议会规定,盗摘柑橘等水果,需买火纸烧毁原物;县城马家洲种植蔬菜的议会也有同样规定,如果抓到偷盗蔬菜的,不买火纸烧掉蔬菜则不让离开。事实上,这些措施是对法律惩罚的一种补充,闪烁着民间智慧光芒。

中华人民共和国成立后,法律法规进一步健全,道德教育得到强化,乡规民约应用大幅度减少。也有一些事项需要基层人大通过乡规民约制定推广的,如全面封山、破除迷信、禁止大操大办、改土葬为火葬等,收到了良好的效果。这些乡规民约,体现了法制观念和法律意识,是自我管理、自我约束、自我教育的产物,推动了社会主义物质文明、精神文明、生态文明建设,是对良好传统的继承和发扬。

五、宗教设施

神龛。民间供奉神灵偶像的地方,也叫神台,一般设置在正厅上堂,紧靠主墙。有的用砖在地上砌长一米左右,宽二至四米,厚六十至八十厘米的台子;有的仅在主墙上打一个三角形支架,支架上摆木板,木板上供奉祖宗牌位及菩萨;还有的在主墙上镂一个空间,供奉神灵牌位。这是修水民间主要的宗教设施。

神榜。旧时民间大厅正堂墙壁或横梁上书写"紫微镇照"或"紫气东来"大字,包括正堂正中悬挂的"天地君亲师"(或天地国亲师)牌位及两旁"尊敬五大,祀奉万神"对联。神榜与供奉的祖宗牌位、菩萨偶像一起,彰显了修水民间鲜明的地方特色。

社坛。古时祭祀土神、谷神的场所,每个自然村一般都设有社坛,以祈求风调雨顺、五谷丰登。据明洪武八年(1375)规定,每里一百户各立社坛祭祀五土、五谷神,每逢春秋二社日(即立春、立秋后第五个戊日)各推社长一人,带领本社人员抬着供品祭祀社并宣读誓词。誓词曰:"凡我同里之人,毋恃强凌弱,其婚姻丧葬有乏,随力相助,如不从众,及作奸盗诈伪,一切为非之人,不许入会。"之后,大家依长幼顺序而坐,尽饮而还。与社同列的还有"乡厉坛",每里立坛一所,以祭无祀之鬼神,祈民庶安康、挚畜蕃盛。乡厉坛每岁三祭,分别是清明、中元、十月初一。

社在宗教崇拜之外,还是一种基层治理组织。元朝规定,农村凡五十家要立一社,由群众推举声望好、通晓农事、子孙兴旺者为社长,负责组织农业生产、维护社会治安、协助税费收缴等事务。城市街坊也设社,社长主要职责是维护社会治安。

如今,修水社坛依然随处可见,多在村庄古树林中,为石料、砖砌建筑,规模大小不一。修水社坛祭祀活动依旧可见,如宗教祭祀活动中,通报信人为"南昌府义宁州某乡某社"居管;春节戏龙灯首先要到社坛"发灯";人死做道场要到社坛"通社";灵柩经过社坛时,孝子需到社坛跪拜烧纸等习俗,都说明社坛依然发挥着作用。

六、神庙家庙

　　一类是各里社联合修建的神庙,以季会、庆生会、天灯会、路会等多种组织方式维护庙内烟火,每年会日到庙内聚餐,商议活动,公布收支账目。一般有固定人员护殿、护神、抽签、问玫。二类是社庙,有简单的庙宇建筑、神龛、香炉,社庙偶像平常不坐堂,只在祭祀时坐堂,平时受社内信人家供奉。社庙除供奉五土、五谷神外,还供奉社灵菩萨,如三军、三圣、杨泗、五帝等民间传说中的神仙。三类是厉坛,主要由道人供奉神灵偶像玉皇大帝、太乙真人等。四类是家庙,由家族集资建设庙宇,供奉家神,祭祀祖宗。

　　修水神庙、社庙、地坛众多,但存世家庙极少,著名的有何市板尖山的戴姓家庙"白云宫",传说此山为赵、白二仙所居,一直护佑周边山民,尤其是对戴姓先民厚爱有加。为感二仙恩德,北宋淳化元年(990),戴姓迁宁始祖承武公率族众捐金助力,于板尖山顶峰开山立宇,塑二仙金身,建弘法道场,这就是"白云宫"为戴姓家庙之缘由。自宋元明清至今千余年,白云宫虽历经兵燹回禄,但在戴姓先民的维护下,仍道统不绝、庙宇辉煌、香火鼎盛。如今的白云宫山门伟岸、观宇巍峨、重廊飞檐、亭台耸立,一进多重、曲折迂回、房舍密布的宫观已成为大板尖著名的旅游胜地。

七、敬祀神祇

天神。一是在午饭或节日饭前敬天神；二是为新生儿洗三朝敬天神；三是祈福敬天神。一般敬天神，只要盛一碗饭，饭上插一双筷子，人站大门口，双手举饭过头顶，祈求天神保佑。节日敬天神，要焚香、燃烛、点纸，供奉全鸡、全鱼及三牲等。

地神。地神有两种，一是社稷神，多供奉在社坛中。社坛多用花岗岩或青砖砌成小屋，隐藏在绿树丛中，大小一平方米左右。社坛内坐木质或石质社灵菩萨。每年社日或亡人做醮时，需要敬奉社神，表达感谢或祈福之意。二是土地神，每逢建房、修坟时，需要敬土地神。

家神。祖宗菩萨、财神、灶神、门神等，都是家神。最重要的家神是祖宗菩萨，它一般是祖宗牌位，木制，书写有堂号、世次、历代先祖考名字、历代妣姓氏，经和尚或道士开光，接受后辈供奉。每逢重要节日或重大事项，家家户户都焚香点烛敬奉家神。民俗流传，每年农历七月初一上午，要隆重热烈地把祖宗神灵迎接回家，至当月十五中元节再高高兴兴地送祖宗回去。

福神。民间传说中，正厅正堂上张贴的"天地国亲师"牌位可以保佑家人幸福。牌位需请远处德高望重的人用楷体书写，书写前需沐浴更衣、静心寡欲，达到天人合一的境界。

菩萨。修水敬菩萨习俗流传久、范围广，深刻影响到人民群众的生活。从供奉对象看，有神话人物，如观音、许真君等；有地方传说人物，如白岭敬三圣侯王、古市敬一圣仙娘、上杭敬石屏将军等。在民俗中，菩萨神通广大，可以收惊（止惊吓）、避煞、求雨等。究其原因，是科技不发达年代，人们对未知事物感到恐惧，导致寻求一种超自然力量，以求心理安慰。

财神。财神也称保护神，一般敬赵公明，但每个行业又有自己的行业神，如农民敬神农氏、读书人敬孔子、练武之人敬孙武、理发师傅敬吕洞宾、唱戏艺人敬唐明皇、中医敬华佗等，是一种民间文化的流传与发扬。

八、宫观寺庙

　　修水是宗教大县,宗教建筑丰富,从类别看,涵盖了佛教、道教和基督教。佛教场所叫寺、庙、庵等,主要供奉佛祖及观音、文殊、普贤等菩萨。道教场所称宫、观、殿等,主要供奉"三清"、许真君、关圣帝君等,万寿宫主要供奉许真君。在修水,人们把所有的神和仙统称为菩萨,还把对国家、民族有贡献的人奉为"神仙",一起供奉。

　　修水的宗教建筑散布在全县各处,历史悠久、规模宏大的有黄龙禅寺、兴化禅寺、宝山禅寺、兜率禅寺、云岩禅寺等,其中黄龙禅寺是佛教五家七宗之一黄龙宗的发祥地,闻名海内外。道教场所主要有万寿宫,鼎盛时全县有四十五座,现在保存完好的还有全丰、渣津、路口、石坳等地万寿宫。随着文化交流深入,基督教逐渐进入我县,据2013年统计,全县基督教活动场所有三十余处,教徒主要参与唱诗、祷告、诵经等活动。

九、祭祖

祭祖是共祖堂的支系房头对祖先的尊敬、怀念和祈祷,时间在农历正月和清明前后,一般在祖堂或祠堂举行,气氛庄重肃穆。

举办祭祖活动,先由支系房头商议,确定主祭支系或房头,由其确定祭祖理事会。理事会推举主祭人、陪祭人,筹集所需资金,购买祭祀物品。主祭人必须夫妇举案齐眉、子孝孙贤、德高望重、派尊年长。理事会确定祭祖时间、参加人数、人员分工。非主祭支系做协助工作,如准备乐队和仪仗队等。

祭祖仪式首先由司仪人员宣布祭祖活动的纪律和有关事项,然后请宗亲祭祖理事会主要负责人、主祭人、陪祭人就位,全体肃立,脱帽,宣布祭祖开始。此时鸣放礼炮,击鼓奏乐。

接着净水(男童送一盆净水至主祭台,主祭人、陪祭人依次净脸、净手)、净巾(男童送三块擦手巾至主祭台,主祭人、陪祭人依次擦脸、擦手),由主祭人点香,陪祭人亮烛,即亮烛上香。

而后恭迎列祖列宗。主祭人带陪祭人至门外,把香朝外舞半圈,说:"今黄道吉日吉时,我们进行祭祖活动,恭请列位祖宗前来享用肴馔果蔬。"之后主祭人捧香,陪祭人捧烛,回到祭台准备上烛、上香。

上烛时,陪祭人双手举蜡烛过头顶,朝祖宗牌位一鞠躬。主祭人双手举香过头顶,一鞠躬,上第一支香,称初上香;主祭人从陪祭人手里接过一支香,举过头顶,一鞠躬,上第二支香,称亚上香;主祭人从陪祭人手里接过香,举过头顶,鞠躬,上第三支香,称三上香。

上香后,参加祭祀的族人向祖宗行大礼,向祖宗牌位三鞠躬。

之后进馔。男童敬上小三牲(猪头、全鸡、全鱼)、果品、鲜花。主祭人献酒,行献酒礼,跪拜,三叩首。陪祭人献酒,跪拜,三叩首。第一个陪祭人献酒、献饭、献茶。最后一个陪祭人行终献礼,跪拜,三叩首。

主祭人宣读祭文(读前一鞠躬,读毕一鞠躬),读毕,全体人员行叩拜礼,司仪高呼:"全体参祭者向祖宗行叩首礼,一叩首,二叩首,三叩首,礼毕。"

最后,各支、各房宗亲轮流焚烧纸钱、顶礼上香、燃鞭炮奠酒,祭于祖宗面前。

总体来看,祭祖活动有复兴的趋势,因为简化了程序、去除了封建糟粕,演变成对祖先的缅怀仪式,发挥了团结教育族人的作用,可以作为社会主义精神文明建设的有益补充。

十、庙会

庙会是宗教活动与民俗活动完美结合的产物。根据信仰不同,庙会时间也有差异,如道教活动多在万寿宫举办,时间在正月和八月,主要是纪念许真君诞辰和羽化登仙吉日;佛教活动在寺庙中举行,目的是纪念菩萨诞辰、佛像开光、举行盂兰盆会等,历时三至七天。

修水庙会有起会、上表、出巡、散局四个过程。起会是庙会官首召开会议,筹备庙会事宜;上表是组织宗教信徒参拜神明,焚化表章;出巡是抬着菩萨巡游,组织唱戏、灯彩等民俗活动;散局是向神明献上祭品,向寺庙、宫殿赠送礼品,一般在庙会最后一晚举行。

庙会不但是文化盛会,也是商贸盛会。庙会期间,商贾云集,好戏连台,随着历史演变,这种形式逐渐消失在人们的视野中。

第六篇　习　俗

一、生产习俗

1. 经商习俗

每日打扫店铺,只能向内,不能向外,为的是不把财喜扫出去。开门做生意讲吉利,第一笔生意一定要做成,哪怕亏本。顾客调换商品,要在下午。柜台内分头柜(主要负责业务)、二柜(协助头柜)、三柜(出师的徒弟或见习生)。头柜可坐板凳,二柜、三柜只能站着,但都要面向柜台外,笑脸迎客。小笔交易,三柜应酬;大笔买卖,二柜或三柜迎接,让座、端茶、奉烟,向顾客介绍商品特点、价格、性能。生意做成,钱物两清;做不成,讲究买卖不成情义在,依然笑送客出店外。商家很注重平衡社会关系,年终设"尾牙酒"款待地方头脸人物;新年正月初二起,设"起牙饭",请名人绅士赴宴。学徒期限三年,每天负责上、下门板,打扫店堂内外卫生,给老板、老板娘端茶送水,还负责供奉菩萨、干杂活等。

2. 赶集习俗

赶集又称赶墟,主要内容是商品交易,特别是农副产品交易,现在仅太阳升、山口还保留着这种商业习俗。时间一般在农历每月初一、十五。其时,农户把自家的粮食、鸡猪等禽畜及竹木制品,一并拉到集镇,进行自由交易。人民政府对这种交易给予支持,安排城管执法人员和交警维持秩序。

二、居住习俗

　　村落聚居。修水多以姓氏为单位,自然聚居,这是千百年来形成的传统。如西港以梁、周两姓居多,白岭以胡、周、晏姓居多,渣津以匡、熊、万居多,这是汉民族聚族而居的生动体现。

　　居民住宅。以前的建筑样式有连堂三间、连堂五间、连堂七间等;格局有明三暗五、明五暗九、上三下五、上五下五等。堂前有过巷通偏舍(厨房、猪圈、厕所、柴房)。大户人家有一进三四重的结构,房屋多为砖木或土木结构。农村多为土筑墙,干打垒,竹木扎架,茅草盖顶或树皮、青石板盖顶,条件极为简陋。

　　乡村原来的老式住宅,大型的有上、中、下三重,两边设厢房,正屋两侧建横屋。正屋两个大天井,横屋各一个长方形天井,砖木结构,可住多户人家。中型住宅为上五下五、上下两重,两边是厢房、横屋,两个天井,砖木结构,也可住多户。小型住宅又叫铁尺屋,中间是厅堂,两边是房间,后附厨房、厕所,多为泥木结构,住少数人。

　　农村现在的房屋多为钢混结构,两层或多层,有前后玻璃窗,屋顶有晒东西用的阳台,单独设厨房、厕所、小院。近些年政府推广新户型,每栋房屋建成后,就像小别墅,居民住房条件大大改善。

三、建房习俗

建房是每户人家的大事,千百年来形成了一套完整的礼仪规范,传承至今。

择基。以前重视风水,现在主要考虑就医、就读、购物、出行、健身、娱乐等要素,综合考虑房屋朝向,门窗尽可能朝南开。

择日。奠基、封顶、乔迁都要选择黄道吉日。有的请风水先生确定,有的翻春书,有的问菩萨。择定吉日动土时,要先请神,再挖土,有的放压角石,有的立门框石,有的打木桩定标线。

奠基。俗称下脚,是房屋建设的开始,要举行奠基仪式,摆酒席,亲朋好友要送礼。

上梁。房屋建设中立梁木。梁木有的用榆木,取年年有余之意;有的用枣木,取早余钱粮之意。木工用红绸或红纸把梁木包裹好,在正午时分,邀集其他砖匠、石匠见证,左邻右舍前来祝贺。时辰到,木工师傅一声令下,几个精壮小伙提起梁柱到位安置。主人燃放鞭炮,撒过梁钱。过梁钱中有硬币、食品,拾到者被认为沾喜气。

呼梁。呼梁是参与建房的师傅对主家美好的祝福,颇有文采。祝词为"呼吁唉,天地开张,吉日时良,时良时良,听我言张:恭贺府上扶栋梁唉,富贵山上打一望呵,鲁班弟子唉,上有何人得建,下有何人得传?上有鲁班先生得建唉,下有鲁班先生得传;手揽月斧唉,一斧唉,剁个半边月朦;二斧唉,剁个月团圆;只有三斧剁得好呵,鲁班弟子拿把尺来量,头筒打个紫金柱唉,二筒打个照明方,只有三筒生得好呵,生得不短又不长,正好用来做栋梁;盖锯一过呀,富贵无双;刨子一过呀,财时四方;墨斗一对呀,好似鸳鸯;曲尺一对呀,还正四方……"把主人赞得心花怒放,递上一个红包,并请喝酒。

完工。房屋主体工程完,主家请完工酒,款待工匠和亲朋好友。

四、乔迁习俗

乔迁也叫过屋,主家通常选择吉日的寅时、卯时,因为这个时辰过子夜、迎黎明,取生活走向亮堂之意。

古来习俗,乔迁时,请亲戚朋友、德高望重的长辈到新屋迎接,原住处邻居相送。乔迁新屋的男主人挑担,内装柴米油盐等生活用品;女主人提扫帚、火钳等生活用具,在老屋由内向外扫,意思是把财喜带到新屋去。如果是租赁房屋,则不可。到了新屋,用扫帚向内扫,寓意把财喜扫进。有的地方有用桃枝在新屋里面扫一遍的习俗,寓意赶走邪魔,保佑平安。

仪式过后,亲朋好友祝贺,乔迁主人款待。有的地方有舞花灯、龙灯祝贺乔迁的习俗,主人会高兴迎接。花灯、龙灯队一般有一个专人演唱祝贺词,见主人奉酒就唱祝酒词;献瓜果,则唱祝瓜果词。之后,主人送上红包,皆大欢喜。

五、节日习俗

1. 春节

从进入腊月开始,直至来年正月十五,都是春节范畴,过年的节奏有张有弛,内容丰富多彩。首先一个重要内容是清算,农民清算一年收成,商人清算一年的进项或欠账,有结余的皆大欢喜,可以开心过年;出现欠账的,就要找债主商量好还款计划,取得债主同意;协商不成的,债主在大年三十之前可以追索债务,待过了大年三十,就要延后一段时间,禁止正月问债。

腊月二十三,家家户户打扫卫生。二十四是小年,二十九、三十过大年。除了购置食品、新衣服之外,流传千年的习俗便是贴春联。春联可请人撰写,可在店铺或街头书法家处购买,春联内容丰富,可以满足各类需要。三十晚度除夕,食品荤素搭配,各取所需。饭后欢聚一堂,年轻人向长辈汇报一年工作生活情况,长辈会一一点评,提出要求。在融洽的团圆气氛中,十二点的钟声响起来,中央电视台春节联欢晚会的主持人向全国人民拜年,家中晚辈向长辈拜年,祝愿福寿康宁,长辈祝晚辈家庭幸福、事业进步。之后,长辈给晚辈压岁钱,晚辈给长辈红包,大家一起高高兴兴休息,迎接新年第一天的到来。

正月初的重要内容是拜年,拜年按"初一爷(本族长辈)、初二婆(母家长辈)、初四之后拜姑娘(旁亲)"的习俗开展,初三是到有白喜事的人家拜年,一般不到亲戚朋友家拜年。拜年多是晚辈向长辈报告自己的近况,祝福长辈身体健康,并送上礼品或红包。

春节团聚不但是民间表情达意、增进感情的一个大好机会,也越来越受到各级党政领导的重视。为了沟通信息、加深了解,县、乡纷纷举办"团拜会""茶话会",邀请在外成功人士参加,社会各界围绕政治、经济、社会发展等建言献策,发挥了团结人、鼓舞人的作用。

附：
修水的年节

人这一辈子,有好多的变数,最大的一点是思想。童年时期总是在模仿中消磨时光;少年时期呢？则是充满了幻想;及至进入青年时期,脑子里便是踌躇满志,一心要实现理想抱负;中年时期是最实际的时期,思想从空中落到了地上,想的是脚踏实地,干好自己的每件事;到了老年,却又感叹人生转了个圈,眼看快要封口了,所以再无名利的追求,脑子里却装满了回忆。你看这变化有多大？

但人生也有不变的,比如一些兴趣爱好,一些脑海中的情结。有的是小变大不变,有的是看似变了实际没有变,有的甚或从小到老都一成不变。

比如过年的情结,一般来说就不会改变。小时候盼过年的主要意愿是吃好东西,穿新衣服,得到压岁钱;长大离家以后过年盼的是回家看望家中老人,图个全家团聚;现在生活富裕了,吃、穿都不成问题了,过不过年都一样,过年的期盼便又转到可以放松一下、休息几天之上了。虽然过年的期盼不同了,但过年的气氛、过年的感觉,还是一直萦绕于心头。

我于是总会想起修水老家的过年,想起修水过年那浓烈的年味儿。

过年和其他方面一样,每个地方有每个地方的风俗。修水的过年风俗,就有着鲜明的特色。细细想来,我发现有一点特别突出,那就是"舌尖上的亲情"。

修水的年俗,一般是从腊月初杀年猪开始的。修水人流传下来一句话,叫"有钱没钱,杀猪过年"。正常情况下,每家每年都要养上一头大肥猪,留待过年时宰杀。有人曾因此批评修水人好吃,后来我想,这很不公平。真正的原因,是在深山沟里,没有多少商品经济,一年到头很难买到猪肉,用来维持一家人的荤腥营养的,就只能是一头年猪了。杀年猪积存下来的腊肉,要留到春插、双抢的农忙季节。那时,农家人端着一碗薯丝饭,如果没有那块肥得流油的腊肉,腿肚子是没有足够的力气来应付肩膀上的重压的。尽管留到那时的腊肉,吃起来已经很不新鲜,都带点儿涩味了。

于是到了腊月初,村庄里便会天天传出杀年猪的种种声音,有猪叫声,有鞭炮声,有小孩子们的嬉闹声,有大人们的欢笑声。这些声音就已经把乡村的年味儿给烘托起来了。

　　杀年猪是有讲究的。杀猪时要用火纸蘸上猪血，烧于祖宗牌位前，先孝敬祖上的在天之灵。猪杀好后，要先煮上一大锅，以猪血为主，还要放些猪肉、猪内脏等，叫"槽头汤"，又叫"旺子汤"，一碗碗装好，分送给本村的各家各户，好让一村人都分享到美味。那时，村里人会自动排好队，大体每天宰杀一二头年猪，这样一直排到腊月中旬，几乎天天都有槽头汤吃，叫孩子们怎能不高兴呢？这是对同村人的亲情。对于自己家的亲戚，杀了年猪后是要送礼的，一般一家送两三斤猪肉，一家一家地送。这个事儿有些麻烦，亲戚不远的还好，若是很分散的，就要翻山越岭跑上几天了。大人们没空，就要小孩子帮忙。记得我早在十二三岁的时候起，就承担起了送年礼的差事。这其实是个美差，无论送到哪一家，都会受到亲戚热情的招待，或是煮上一碗好吃的，或是装上一盘"果子"，也就是花生、豆子、薯片干什么的，外加一个芝麻烧饼，或一个煮熟的咸鸭蛋，但这收获足以令孩子们美滋滋的了。

　　做完这些后，剩下的猪肉就要一块块剁好，用盐在锅里焙热，然后放入一个大缸里。待腌到七八天之后，再用绳子将猪肉穿起来，挂到火炉上面的墙上，用做饭烧水时的柴烟去熏，直熏得又黄又亮，香喷喷的十分诱人。这时，离过年也就不远了。

　　修水的年饭是在中餐。大年那一天，孩子们是欢快的，身上穿着裁缝做的新衣，脚上穿着妈妈做的新鞋，口袋里有好吃的果子。男孩子手里还有一把拆散了的炮仗，他们拿一根点燃的香，东一个西一个地放得到处噼啪作响。大人们却是繁忙的，一大早就得起来，匆匆吃过早饭，便要淘上一大锅米，准备做中午饭。中午饭要用甑蒸，不论人多人少，都要蒸上好多，留待年后吃，一般要吃上三四天。这也有个说法，叫作"吃陈饭"，讲究年年有余。大人同时要从地窖里取出芋头，用竹篮挂在屋檐下撞皮，以便及时煮熟做大哨子；还要从炉火墙上取下腊肉，从房梁上拿下油炸豆腐，从鸡笼里抓出献鸡（一种阉了的公鸡，长得油光肥亮，其肉鲜美无比，好吃极了）到神台下宰了；等等。总之，要准备好多吃的东西，还要一样样煮熟。东西煮熟后还不是吃的时候，要拿出去敬神，先敬祖堂上的列祖列宗牌位，再敬埋葬在屋后山窝里的先人。敬神一般由男人负责，不论敬到哪里,都要摆上几样酒菜,烧上一堆火纸,再放上一挂鞭炮,后辈们便恭恭敬敬地向先人作揖请安,祈求保佑。往往这样跑一圈,就要几个小时,累得人气喘吁吁。做完这些,才开始吃年饭。一家人开开心心地聚在一起,放下了一年的辛苦、一年的烦忧,品尝收获和喜悦。假如家里有外出工作的人,在盼望回来而不果的情况下,一家人就会在欢庆的同时,有些许的遗憾。我当兵在外的那些年里,母亲总要在年饭的桌上多摆一副碗筷、一个酒杯,象征着我在家团聚。每到此时,母亲总会抬起胳膊,擦一把怎么也淌不完的思儿之泪。父亲便只好安慰她说:"你就不要念着他了,他在外面吃的比你好呢。"母亲便叹口气,说:"过年啦,孩子远在千里之外,吃不到我做的东西,叫人怎不难过啊!"想来真是心酸。

吃过中饭,下午就是准备树蔸的时候,因为晚上是要烧年夜火的。俗话有云:"三十夜里的火,十五夜里的灯",一定要把火烧得通红明亮,为来年的丰收兴旺讨个好兆头。火堆上面,还要挂上铁炉罐,里面是最好吃的,有鸡或鸭、腊猪肚、腊猪脚、墨鱼干等等,以备到深夜做夜宵。此时只有孩子们最快乐,他们一会儿聚到一起放炮仗,一会儿跑到哪家的炉火边玩耍,烤着熊熊的大火,听大人们讲古说今。这天晚上,孩子们不论走到哪家,都会得到好吃的果子;无论怎么调皮,都不会受到责骂。这是祖上留下的习俗,平时对小孩再蛮,这时也要忍住,这叫"载相",也就是积点口德,会荫及子孙。

修水人对新年是很敬畏的。一到正月初一,就要一切讲吉利,尤其不能讨债,因此大年三十晚上就是这一年追讨欠债的最后机会。那些艺匠、郎中,还有一年中有经济往来的,都会抓住这最后的时间去讨要。而三十晚上是个吉利的日子,一般只要拿得出,欠债的就会把欠账还清,或是付给一部分。也有赖账不还的,或实在是拿不出而讨债的又咬住不放的,就会吵得不可开交。总之,一晚上,乡下的路上人来人往,川流不息。说来也怪,仅隔一个晚上,到了初一,不论谁欠了你的债,你都不能讨了。此时要是有不知趣的人,就会招致众人的唾骂。所以,有一些老欠债鬼,编出了一句顺口溜:"三十夜里不进屋,讨债鬼子捉不住。新年初一满街跑,老子欠债谁敢讨!"

除夕夜守完岁,就到了大年初一。新年初始的几天,是最热闹的几天。白天是走亲戚，大人带着孩子，先是去外婆家拜年，再走其他的亲戚。那几天，路上的行人一群群一伙伙，扯锯似的不断线。大家喜气洋洋，见面都打躬作揖，说上一大段吉祥话。接客的，拜祖宗的，村寨里鞭炮声此起彼伏；一座座青瓦屋顶上，飘散出油盐菜果的香气，真的是太平世界，朗朗乾坤，一派祥和的景象。到了晚上，便是吃着果子看花灯了，一直要看到元宵夜。

　　修水的年味儿，真是饶有兴味，总是把心意融化在佳肴上，用舌尖品味浓烈的亲情。那种无处不在的情感表达，总是化入各种食品的味道里，久久不会散去……

（朱法元）

2. 元宵节

　　古时称月圆为"元"，夜为"宵"。正月十五是一年中的第一个月圆之夜，故称"元宵节"，又叫"上元节"，因该日花灯齐放，所以又叫"灯节"。元宵历来受到重视，一是按照道教说法，这天是天官赐福的好日子；二是西汉诸吕之乱，周勃老将军于正月十五平定叛乱，汉文帝为庆贺胜利，下诏这天普天同庆。过元宵的习俗主要有闹元宵、吃元宵、点灯、迎灶王、猜灯谜等。

　　元宵最重要的活动是举行灯会。

　　有玩龙灯的，在夜里点燃龙体内的蜡烛、油棉灯，龙体透亮，这种俗称"火龙"。还有一种龙身上插香火，星光点点。龙灯队要到村庄或集镇表演，需先下灯帖，告诉对方是哪支龙灯队、表演时间多长，请对方做好准备。有名望的龙灯队一到，有的设香案、摆三牲及茶点迎接；有的燃鞭炮、点香迎接。持龙珠者为答谢，需唱龙灯调。表演者要求声音大、嗓子好，能即兴编词。传统龙灯调词牌有试灯、换段、谢茶等，多为恭贺、祈祷、表示感谢的意思。因为龙灯是吉祥之物，有不孕不育的青年男女，会把龙首请到房间表演一番，以求子。

　　有玩狮灯的，也叫舞狮、狮子滚绣球。狮灯一般和民间武术结合表演，一般由两人表演。一人戏狮头；一人俯身，双手扶前者腰，戏狮身。两人都披戴用布做成的狮形皮饰。引狮者手持绣球逗引，狮子随绣球起舞，或登上高台表演绝技。狮灯表演用锣鼓伴奏,极少伴唱,即便有伴唱,也是唱词简单、曲调单一、一唱众和。

有玩花灯的,用竹篾扎成各种动物或神话人物,形态不同,如八仙灯、五谷灯、钵哩灯等,由少男少女持灯载歌载舞,唢呐伴奏,非常热闹。

俗话说,"吃了元宵酒,各人找雇主",就是说春节已经过去,大家要投身工作、生产了。在春节期间玩的龙灯、船灯,到了元宵节,需团灯,就好像总结演出。团灯后,龙灯、船灯要寄存在宗祠、社庙,待来年重新演出。各家各户要用稻草扎好烟把,送到祖坟前、菜园内点燃,俗称"送灯",在菜园内送灯时,还要呼祝一句:"春播一粒种,秋收万担粮"。之后,人们还要清理猪栏、鸡圈、羊舍等,在房屋各个角落点燃蜡烛,祈求六畜兴旺、家庭太平。

3. 清明节

清明节是一个缅怀先辈的节日。清明日国家确定为4月5日,乡俗认为清明日的前3天和后3天,都属于清明节。节日期间,后人要到祖先坟头焚香、点烛、摆上祭品,更重要的是清理坟沟内杂物、清除坟上杂草,之后在坟头压一张纸钱,因为俗语"不望节、不望年,只望清明一张钱",说是逝去之人清明会期待亲人来探亲、认坟。这也是为什么清明节成为春节之外最被重视的节日的原因。

清明节期间,各级组织、各类学校会组织祭奠先烈、踏青等活动,丰富了清明节的内涵。

4. 端午节

端午节又称端阳节、菖节,时值五月初五。这天,家家都要在门外插蕲艾、菖蒲。端午节的特色食品有粽子、包子、咸蛋等。以前,过节时要向主要亲戚送端午节礼物,还要请亲戚到家吃端午节饭,现在,这些习惯在逐渐消亡。端午节的其他习俗有:房前屋后撒雄黄,以驱虫;把艾叶压枕头下,驱晦气;吃大蒜或用大蒜浸泡的水洗手、洗脸,以杀菌消毒、驱邪魔;圈养的牛要放到野外自由活动,谓"放青",让其回归自然。

史载,端午节是后人纪念为国投江的爱国诗人屈原的节日。每到端午,屈原长女纬英居住的古市镇一带,要举行盛大的一圣仙娘花灯巡游;其他位于江边的乡镇,会组织龙舟比赛,以丰富多彩的形式表达对这位爱国者的敬仰之情。

5. 立夏节

农历立夏日到来的那天,就是立夏节,习俗要吃米粿、豆腐、肉三样主食"撑夏",吃饱喝足,养好身体,迎接夏季繁重劳务的到来。

6. 荷观节

农历六月初六,为荷花的生日,又是土地神的生日。这天,许多人外出观看荷花盛开的景象,故称"荷观节",又称"晒衣节""晒书节"。若天晴,人们要翻晒衣服、宗谱、书籍,有的喝腊肉汤,免生痱子。不论男女,这天都要沐浴,洗去晦气疥毒,防暑解痧。民间习俗,这天不能动土。

7. 七夕节

农历七月初七,据说是牛郎织女鹊桥相会的日子,因此也是爱情节。修水有个传说,是夜如果在葡萄架下静听,可听见牛郎织女说悄悄话。这一夜,青年男女来到野外,望着天上的银河,祈祷心中美好的爱情。

8. 中元节

农历七月十五为中元节,也叫"七月半",是祭祀逝者的节日。传说,七月初一亡灵自阴间返回阳间,至十五回去。为迎接先祖,人们自七月初一起,点烛燃香,敬拜祖宗,欢迎其回家。之后,人们忙着购买冥物,具袱包,袱包上一一列举祖宗姓名,下署具包之人姓名,以示恭敬严谨。十五傍晚,人们把祭品、袱包置于祖宗牌位前,宣读袱单,再请神咒,了解先祖心意;仪式结束后,找一空地把冥物摆放焚烧,然后敬香、放鞭炮、撒茶酒食物等。

9. 中秋节

八月十五是中秋,此时天上月圆,人间团圆,家家备月饼、水果,在屋外朗月星空之下,欢聚一堂,故中秋节又称团圆节。农村习俗,中秋节恰值新谷进仓,园中瓜果成熟,因此会用新米做米糖、爆米花、炒花生,向长辈家送中秋礼。现在流行送一些新鲜瓜果给亲戚、朋友尝尝,共品丰收喜悦。

10. 重阳节

农历九月初九是重阳日,民间有九月初九登高远望可免灾驱邪的说法,故此日宜登高远眺。我国高度重视老年人生活,将这一天定为"老年节",要求各级组织重视老年人工作。随着老龄化社会的快速到来,我国老龄人工作迅速推进,健全了各级老年人工作机构,村级也建设了老年协会。重阳节这天,一般组织丰富多彩的文艺、体育活动庆祝。

11. 腊八节

农历十二月叫腊月,腊月初八又称腊日。古时在这一天有腊祭和喝腊八粥的习俗。腊祭,是到山上猎取野兽祭祀祖先。喝腊八粥的习俗始于宋代宫廷,后传到民间,盛行于清代,皇帝、皇后、太子赐腊八粥给大臣、侍从、宫女等,以示亲民。民间喝腊八粥,含庆祝丰收的意思。此粥用糯米、粟米、绿豆、芝麻等八种原料做成,之后演变成八宝饭、八宝粥、八宝汤等,四时不绝。腊月农事轻闲,农家多在此时举行婚嫁,故腊八节为喜庆节日。

六、生活习俗

1. 栽禾酒

栽禾时节,有"春差日,夏差时"的说法,因劳力短缺,民间有互相帮工的习俗。家里来了帮工,必须请栽禾酒。席上,栽禾能手坐上座,邻舍老少作陪。菜肴有米粿、豆腐、肉等,主要用大水壶温酒,必要使栽禾能手酒醉饭饱,谚语称"栽禾打倒退,全靠酒来醉"。最后有道菜是蛋粑,管水人(管理水源的人)专用,称"塞缺"。栽禾酒十分丰盛,食之能应付高强度的劳动,也是增进亲友邻里间感情的一种方式。

2. 割禾酒

早禾或晚禾收割之时,家家做米酒,凡是一年间帮过工的,一并请来喝酒、吃肉,庆祝丰收,因此又有"做满仓"的称呼。随着农业机械大规模使用,这种习俗渐渐消亡。

3. 寿诞

旧俗以农历计算,逢十为大寿,但六十岁以下不做寿,只庆生,摆生日宴,唱生日歌。逢六十、七十、八十、九十、百岁等,可按照做虚不做实的习惯(即提前一年)举办,但客家人有做出头不做齐头的习俗(即推后一年),没有硬性规定,遵照习惯就行。

寿宴是祝寿的主要形式。摆寿宴,寿星坐上席,靠近寿星的座席要留给他的直系亲属和贵宾,其他人随意。吃长寿面是寿宴的显著特点,中餐、晚餐都可以吃,面上要放两个鸡蛋。在安排菜数时,一般要为九的倍数,取天长地久之意思。

年轻人为老人祝寿,既要重形式,如举办生日宴、送贺礼,更重要的是平时对老人的慰藉,多看看老人,多帮老人解决实际困难,多听听老人的教诲,这就是送给老人最好的礼物。

4. 本命年

传统习惯用十二生肖记人的出生年,每十二年轮回一次。如猴年出生的人,再遇猴年,这年就是他的本命年,本命年一般被认为是不吉利的年份,民间流传着"太岁当头坐,无喜必有祸"的谚语。破解本命年的办法是当事人穿红短裤、着红袜子、系红腰带、垫红鞋垫等。十二岁以下的孩子,更是要穿红背心、红裤衩,认为如此才可逢凶化吉。

5. 拜师

旧时拜师,要遵循拜师礼仪,一是拜祖师、行业保护神,表示自己献身行业的决心,祈求祖师保佑;二是行拜师礼,向师傅、师母行三叩首的礼仪,还要跪献红包和拜师帖;三是聆听师傅训话,学习做人、学艺的基本道理,有的还要请"拜师饭"。学徒期一般二至三年,头年赚饭吃,第二年师傅给点零花钱,第三年师傅给工资。出师要请"脱师酒",有的出师后,应师傅之邀,还需帮师傅,前提是商量好工资报酬。出师时,师傅给一定的"乡门"(雇主),赠送一套劳动工具。

学艺期间,每逢春节、端午、中秋三节,徒弟需给师傅送礼,有的还要帮师傅做家务。

现在,多数青年通过高考,掌握了更多的专业知识,从事着更好的职业,师生之间是一种平等关系。学生对老师的敬意的主要表达方式是在考上大学后,请老师参加一次"谢师宴"。其他学习各种手艺的,不仅不付师傅任何费用,而且还需要师傅确定每个月能给学徒多少钱,少了还不愿意学,这也是流传千年的民间手艺难以为继的原因之一。

6. 待客

　　修水人热情好客。何谓客？俗称"出门三脚即为客"，也就是说，只要有人光临，就要把他当客待。待客的礼仪标准是："男人待客一支烟，女人待客一碗茶。"男主人敬了烟后，女主人要端上茶，茶不能是凉的（夏天除外），不能是白开水，可以是红茶、绿茶，也可以是"香料茶"，茶里面加芝麻、黄豆、萝卜丁等，热情待客有"上不见水，下不见底"的讲究，表明茶水佐料丰富。递茶给客人时，忌一只手，需双手平端茶碗，目光注视客人，脸带微笑。茶喝过，天聊得开心，主家有的留客人"过昼"（即吃点心），以米粉或面条加鸡蛋、精肉等煮一汤碗招待客人。客人吃点心时，主人需在旁作陪，不时用筷子为客人夹取好食物，敬请客人吃掉，以示诚意。吃过点心，继续聊天，接着吃正餐，上的食物会更加丰富。

　　做客也有讲究，上人家门，讲究仪表端正、衣冠整齐、举止大方、谈吐文雅。忌穿短衣裤登门，忌大声说话、说不吉利的话，忌随地吐痰、举止粗野。喝过茶后，客人需把茶碗放回茶盘或桌上，忌随处乱放。吃点心（汤碗）时，忌一次吃光，需留下一部分。

　　客家人待客有一套严谨的规范，其中特别强调的是客家人聚在一起时必须说客家话，有"宁卖祖宗田，不忘客家言"的教训。不论你官有多大、钱有多少，客家人敬祖、聚会时会不会讲客家话，是辨别真假客家人的唯一标准。

　　婚姻、生育、乔迁、丧葬等红白喜事请客，需提前几天登门相请或送请帖，表达真诚愿望。喜事当天，需安排专人接待外婆家、舅舅家等贵客，要燃放鞭炮，延请贵客一行到客厅落座，敬茶，辅以果酒，并陪同聊天，不然为失礼。宴席开始前，主家需安排专人延请贵客到专门席位落座。接到请帖或口信后，客人要准时出席，俗称"当官莫向前，做客莫退后"，并准备好礼金或礼品；对主家的热情接待，客人要表示感谢，不然为失礼。随着社会变迁，做客礼仪有了新变化、新要求，讲究简洁大方。

　　邻里相处是一个重大课题，千百年来流传着"远亲不如近邻，近邻不如屋下人"的谚语。邻里相处讲究真诚，以礼相待；讲究互相走访，互相帮助；讲究仪式感。如红白喜事主动帮助，有问题需要解决时主动出谋划策，这些都将有效改善邻里关系。

7. 礼赠

修水自古为礼仪之邦,礼赠范围广泛,如三朝礼、弥月礼、周岁礼、成年礼、升学礼、婚礼、嫁礼、寿礼、丧葬礼等;做房子有奠基礼、落成礼;买房子有乔迁礼;出远门要送"茶钱";等等。礼可以是现金也可以是实物。除丧葬礼外,其他礼金要用红纸包好,红包上要写贺词,实物则贴红纸或扎红绳。丧葬礼用白纸包。红包不封口,白包不留口。受礼者将礼品、礼金逐一记下,以作为来日还礼的依据。

礼包用词:

贺三朝:弥仪、弥敬、汤饼之敬。

贺生男:弄璋之敬、弄璋之喜。

贺生女:弄瓦之喜、掌上明珠、弄瓦征祥。

贺周岁:晬敬、晬盘之敬。

贺升学:金榜题名、前程似锦、青云之敬。

贺订婚:缔结良缘、文定吉祥、缘定三生。

贺婚礼:百年好合、美满姻缘、花烛之敬。

贺嫁女:妆敬、粉仪、于归之敬、出阁之喜。

贺寿礼:寿敬、寿仪、寿如日升、图开福寿。

贺出远门:一路顺风、一帆风顺。

贺新屋:华厦落成、新居之喜、华厦春暖。

贺乔迁:乔迁之敬、乔迁之喜、乔仪、乔敬。

悼祭礼:奠仪、祭仪、沉痛哀悼、春风化雨。

8. 分龙日

夏至后的第一个辰日就是分龙日,对农事影响巨大,农谚有"分龙分得雨,高山种田也有水"的说法,风调雨顺是每个农民的期盼。这天,忌挑大粪或其他不洁之物,怕得罪正在天上兴云布雨的龙王。

9. 社祭

　　社祭又叫"社日",是古时春、秋两次祭祀土地神的日子。立春后第五个戊日为春社、立秋后第五个戊日为秋社。春社祈求社神赐福,五谷丰登。春社这天不宜动土,男人禁锄犁,要在家里修理农具;女的不做针线活,妇女儿童采蒿掐葱煮社饭。秋社则是在收获之后答谢社神,次日,村民聚餐,欢庆丰收。

七、婚礼习俗

　　中华人民共和国成立前,修水婚俗礼仪程序复杂,主要有问名、传庚、纳彩、纳征、请期、迎娶等六个步骤。中华人民共和国成立后,程序大大简化。至改革开放后,男女青年自由恋爱观念得到发展,再加上异地婚姻增多,各地习俗不同,基本上形成了由一个介绍人在男女方之间协调婚姻事务的仪式:介绍人介绍男女双方家属认识,确定婚姻日期与礼金,组织举办结婚仪式等。也有的不请介绍人,男女青年直接确定婚姻事宜。

　　婚礼的举办也有变化,之前女方办出嫁宴,男方办结婚宴。之后,城镇家庭发展为男女双方一同举办酒宴、男方买单的新形式。女方嫁妆由送实物发展到馈赠礼金,交由新婚夫妇共同购买结婚用品。随着生活水平的提高,无论城镇还是乡村,婚礼都流行请专业乐队主持,男女双方父母共同出席婚礼,男方邀请的嘉宾担任主婚人、证婚人,一一致辞,之后是表演。

　　旧的嫁娶习俗中,有十个步骤。

　　相亲。先是配属相,合八字。男女青年通过媒人介绍,双方父母初步了解后,如果觉得条件相当,女方通过媒人将生辰八字交男方,男方请算命先生配属相,合八字。配属相,主要看男女青年出生年份是否相冲,民间有"红蛇白猴满堂红,福寿双全多康宁""青兔黄狗古来有,万贯家财足北斗""黑鼠黄牛两兴旺,青牛黑猪喜盈盈"及"白马怕青牛,羊鼠一旦休""蛇虎如刀锉,龙兔泪交流。金鸡怕玉犬,猪猴不到头"等说法。所谓合八字,就是看男女青年生辰八字是否相冲,如果能互相补充,是相合;如果互相克制,是不合,男方则将女方生庚退回。初步配属相、合八字后,男方家里把一对男女的生辰八字和属相写在一起,压在神龛前的香炉下,祷告祖宗神灵,如果三天之内平安无事,说明神灵认可,否则,男方把女方生庚退回。最后是压茶盘,也就是相亲。媒人带领男青年及其叔伯等到女方家,了解女方家情况及女方秉性等。女青年用茶盘端茶给客人,男女双方初步认识,决定取舍。如果女方不中意,则不端茶出来;如果男方不中意,则不接第二碗茶。双方中意,女方端第二碗茶出来,男青年高兴地接过茶,把准备好的信物或红包放在女青年茶盘内,叫压茶盘。女方设宴招待男方客人,饭后,男方离开女方家时,女方将信物交给男青年,基本确定双方为婚姻对象。

察门房。相亲之后,女方通过媒人约定,到男方家察看门户。其时,媒人带着女方的伯母、婶婶、嫂嫂、姊妹等,到男方家了解家境、产业、邻里关系等。男方设宴款待女方来客,并给每位来客礼物和礼金。察看门房后,女方通过媒人转达察看结果。

发定庚。男方择吉日,举行定庚仪式。首先是启动行媒,请他带着男方长者和男青年,带着鸡、鱼、肉和蜡烛、鞭炮到女方坐媒家商量婚嫁事宜,并邀请女方亲人到男方家吃定庚饭。再是商定聘礼和嫁妆事宜,由媒人出面与男方商量好礼金、女方衣服、礼品等,男方把商量好的事宜用大红纸写好,交女方和媒人保管。女方也把承诺的嫁妆用红纸写好,交媒人和男方保管,以示遵守承诺不反悔。定庚当日,男女双方家属相聚,气氛热烈,男方致欢迎词,女方致答谢词,共同向这对青年男女表示祝福。

报日。男方至少在娶亲前一个月选定吉日,持启媒请柬和启媒礼物到行媒家答谢,告知预定的娶亲日子。行媒与女方约定报日的时间。男方将拟定迎亲的日子写成报日书函,用礼盒装好,由媒人带领男青年和男方长辈到女方家报日。女方设宴款待,用礼盒回函给男方,确定迎娶日子。

男方筹备迎亲。男方准备礼品及宴席,装饰房屋,布置喜堂。屋内外大小门楣、屋柱张贴婚联、喜字,挂红灯笼。宇门、大门、厅堂、神龛、居室和厨房均张贴喜联。神龛联以敬祖为内容,宇门联迎客,大门联喜庆,厅堂联谢媒谢客,厨房联赞美酒菜,父母房屋门联表愿望,洞房联表祝福。所有对联用红纸书写。以前婚俗,男方要用花轿接新娘,会在花轿右边贴上联,以考验女方家文化底蕴。女方家接到花轿,用红纸或绿纸书写下联,贴上。好的对联成就一段段佳话。如西港秤钩嘴梁姓与程坊磨坑埂冷姓联姻,男方出上联"秤直钩弯,星朗朗,知轻识重",寓意梁氏家族知书达理,礼仪齐备。冷姓人家毫不示弱,一位老先生挥毫草就下联"磨圆坑深,齿棱棱,吐细吞粗",赞许自家姑娘有才有貌,善言能干。

　　一支人员齐全的迎亲队伍,由核担师、打铳师、轿夫、运输队、乐队、媒人等组成。核担师由族中长者担任,要能说会道、办事干练,负责男方事务。他的任务是挑一担小米箩,米箩中装有鸡两只(一公一母)、酒两坛(内装甜酒,酒中有红枣、桂子和方孔铜钱九个),另有鞭炮,油烛,香纸,香烟,糕点,新娘的衣服、鞋袜等。打铳师傅手持礼炮鸣铳,沿途预告消息,是迎亲队伍中地位最高者。轿夫四人负责抬花轿。乐队两人,吹唢呐。抬嫁妆的视嫁妆多少而定。

　　女方需置办嫁妆,请木工做橱柜、桌、桶、盆、火炉各一个;准备衣箱、坐柜各两只,用红油漆粉饰;床上用品一套,包括垫被、盖被、床单、枕头;泡茶用具如茶碗、茶盘等一套;还需做嫁鞋,男方家庭成员最少每人一双。此外,女方家也需装饰房屋、布置于归喜堂、贴喜联、送请柬等。其间,女方家的叔伯分别宴请待嫁女吃嫁饭,交代一些需要注意的事,对女孩的新生活予以鼓励。

　　出嫁前一天,女方家一是要开面,请来儿女双全、家庭和睦、德高望重的中老年妇女为出嫁女开面、上脑。开面就是将出嫁女脸部的绒毛用细麻线绞去;上脑就是把头发在脑后盘成髻。此举意味着闺女通过明媒正娶即将变成媳妇,不再是汗毛小童。在操作过程中,操作者呼祝"夫妇举案齐眉、早生贵子、长发其祥"等赞语。二是暖房,女方叔伯、伯娘、婶母等前来协助做嫁前准备,进行嫁前教育,依依惜别。

　　于归之日凌晨,男方迎亲队伍出发,快进女方大门时,打铳师傅鸣铳两响,报告迎亲队伍到来。之后跟着的是抬礼肉等物品的、抬花轿的、核担师和媒人等。迎亲队伍与女方待客之人见面,互相道贺,喜气洋洋。而女方母亲等见到迎亲队伍,离愁别恨涌上心来,不由抱着女儿哭泣。即将做新娘的女孩子,想到就要离开朝夕相处的父母兄弟,想到不可预知的将来,情不自禁地哭起来。不一会儿,一众女眷陪着新娘在房里哭得天昏地暗,形成了一种独特的哭嫁习俗。女方其他的人员,设宴款待迎亲队伍。饭后,男方家在女方祖宗牌位前摆上鸡鱼肉、油烛、鞭炮等,举行发烛仪式。家祖(新娘父族)、外祖(新娘母族)各一人"发烛"。每人点一支大蜡烛,边点边赞颂。家祖说:"水有源,树有根,借重亲台献金言。"家族长者诵:"双手发起鸳鸯烛,光辉闪耀照厅堂。阴阳交泰齐祝贺,举案齐眉幸福长。"外祖说:"发起花烛照华堂,祥光满室配鸳鸯。此日凤侣鸾俦后,他年麟趾早呈祥。"而后呼神:"敬告堂上祖先,今有堂下嗣孙某某之女择日于归,与某氏某公子结为夫妻,预祝百年偕老,五世其昌。"外祖呼毕作揖,把大油烛吹熄包好,送给男方"打交杯"用。

发烛之后,摆上糕点、美酒,邀请核担师、媒人等商谈接亲的有关事宜,清点红单中各项礼金、礼品、红包、衣服等是否齐备。这时,女方会提出一些要求,请男方增加财物,这个过程叫"讲亲"。男方不能生气,俗话叫"讲亲讲亲,不讲不亲""争发争发,不争不发",应尽可能满足女方要求。其实,女方也是做做样子,提出的要求没有满足,也不会生气。

女家主人带上新娘,备好鸡鱼肉、油烛、香纸,敬花轿,并在轿中试坐一次,称为压轿,长者请銮驾呼神保佑。女方正式款待宾客,席上饮用男方带来的两坛酒。喜宴之前,在祖堂神龛焚香烛,供祭品。宾客按大小尊卑顺序入席,并致谢词。

于归喜宴结束,妇女陪新娘再一次哭嫁。母亲再一次叮咛嘱咐,把准备好的红包送给新娘,至亲男眷、女眷都要给新娘红包。之后,新娘着装,由族中子女多、且只嫁一次的女人帮助,最后给新娘蒙上"羞巾"。

新娘家的正堂早已经摆上一个底朝天的斛桶,长者已经在祖宗牌位前点燃蜡烛和香"禀告祖先"。本家长者在神龛前祷告一番。新娘的兄弟将新娘从闺房背到正堂,面向祖先站在斛桶上。新娘站定,向祖宗三鞠躬,口中哭唱告别祖宗,祈求保佑,再转身面向大门,鞠躬三次,哭唱告别父母、亲朋的词句,最后由兄弟背出大门到花轿中坐定,掩上轿门,礼生呼祝,花轿起,朝新郎家走去。

喜炮声中,嫁妆先走,接着放鞭炮、鸣铳,铜锣开路,唢呐伴奏随行。女方几名兄弟护轿,小妹妹伴嫁。女方主要亲属若干人送嫁到男方家做上亲。花轿没走多远,会有人送火炉给新娘,新娘给红包,一会儿工夫便把火炉中的火炭倒掉,不能带到男方家。花轿走后,女方家将核担师挑来的担子中的两只鸡,留下一只母的,公鸡奉还。两个空了的酒坛,一只留下,待新娘生育后奉还;一只装两只鸡腿、四个鸡蛋、八块猪肉,回给男方家"打交杯"。这些东西再加上女方回拜的六封礼束,一并交核担师和媒人带回去。

距男方家不远,打铳师傅鸣铳,告知消息。进门时,最先进门的是嫁妆,先摆于堂前,供宾客评论;接着,迎接新娘、上亲。

新娘花轿临门时,鞭炮齐鸣,人头攒动,争睹新娘风采。花轿缓缓落在篾制的大盘箕内,唢呐锣鼓暂停,礼生呼祝。轿门略开,两位牵娘上前,候在轿前。新娘用扇托着两个红包递出来,牵娘接过红包,打开轿门,扶新娘步行进入正堂,行拜见礼:一拜天地,二拜高堂,夫妻对拜。新娘再分别叩见男方族亲,凡受拜者,须给新娘红包。之后,新娘由牵娘扶入洞房,男方将新娘带来的"孝顺果子"倒在地上,任由大家哄抢。孝顺果子包括红枣、生花生、豆子等,寓意早生贵子。

接完新娘,接媒人。鞭炮声中,男方主人致欢迎词,请媒人喝酒,媒人致答谢词。之后是上亲进门,鞭炮齐鸣,上亲礼过三巡(门外、门首、正堂),男方家每处安排两位礼宾待客,一巡宾主双方拱手、简单寒暄;二巡宾主双方拱手、鞠躬;三巡十来个迎宾者站正堂左边,恭敬地把女方宾客请到右边,男方致欢迎词,女方致答谢词。

婚宴一般设在家族祖堂,在祖堂神龛前焚香点烛,祝祖,男女双方主要亲属到齐后,按大小尊卑排座席,母族长辈、上亲和媒人坐上席。开席后,男方陪同人员敬酒,女方致谢词,答谢之间,气氛融洽。正席后,男方叔伯摆"接筵",一家接一家地吃,为的是表达家族对女方家的尊重、热情。"接筵"过后,主家摆"酩成",食物更高档,仅款待少部分人。酒席过后,太阳偏西,做上亲的在鞭炮声中高兴而归。

新郎新娘的好朋友或左邻右舍的年轻人,为增添喜庆气氛,到了晚上会到新郎家闹洞房,主要是做一些小游戏,喝酒,目的是增进大家的了解。

为了解女儿在男方家的情况,女方委托本族女眷到男方家探望,简称圆月。圆月时间不定,有即日圆、隔日圆、待日圆等,由女方家定。男方家属心知肚明,会热情款待女方家属,盛赞新媳妇乖巧懂事、勤劳肯干。

新娘出嫁一个月后,要回门,探望父母亲戚。新婚夫妇回家,岳父、岳母开心,会摆上丰盛的酒菜招待。饭后,新媳妇会带着丈夫拜见自家叔叔伯伯,被拜见者会以礼相送。

当前，门当户对的观念已经淡化，男才女貌、男高女矮、男大女小等旧的世俗观念不再强求，自由恋爱、男女平等的新观念深入人心。谈恋爱以男女自由接触为主，但是，一些行之有效的方法还是被接受，如当事人与介绍人互相配合选择，通过社会交往增进了解，最后走入婚姻殿堂的；也有由双方父母介绍，再经过媒人说合而成的，都发挥了积极作用。

旧时婚姻中介被叫作月老、媒人、介绍人等，属于个人行为，现在婚姻中介呈公司化运作的态势，许多婚姻介绍所把应征者情况通过多种形式发布，供人自由选择，并不承担婚姻成败责任。这种方式，适应了新社会、新时代的需求，较好地满足了未婚者自由择偶的愿望。

八、求子习俗

中国人向来有"不孝有三,无后为大"的传统观念,使得求子习俗家喻户晓。求子的情况一般有两种:一种是夫妻婚后几年没生育,求子心切;另一种是有女孩甚至有多个女孩但是没有男孩,想生育男孩,于是也要求子。

求子的办法有多种,在修水,旧时主要是向祖宗神灵祷告。民间传说中,主管生育的神祇有王母娘娘、观音菩萨等,还有的是本地社公社母。求子的人一般是当事人,也可以是他们的亲戚、好友。还有一种习俗认为,抱养孩子会带来身孕,或者有男童在床上活动,甚至拉尿等,都可以带来喜气。

九、生育习俗

修水人对生育十分重视，旧的生育习俗包括：

怀孕期间，孕妇宜静养，宜增加营养，多听音乐，多看美图等；忌生气、房间乱挂乱摆不洁净的东西，忌参与红白喜事、进入加工作坊，忌跨秤杆和扁担，忌摘树上鲜果等。

孕妇生产时，需在房门口门槛上横放一根扁担，一方面禁止外人入内，另一方面驱邪避魔。

新生儿诞生，首先要祭祀祖宗，接着要准备鸡、蛋、糕点，到亲戚家"报喜"，尤其是产妇娘家。按习俗，生男孩需备一只公鸡，女孩就备一只母鸡，产妇娘家人一看就心知肚明。

新生儿满三天，需"洗三朝"，由接生婆或长辈中福厚的婆婆用浸泡过艾叶的温水为孩子洗澡，之后，拿着米筛、圆镜、剪刀到厅堂祭祀天地和祖宗，祈祷孩子健康成长。其时，主家多请亲戚朋友吃"三朝"饭、送喜蛋。也有的在"满月""百日""周岁"等日子邀请亲朋欢聚，迎接新生命的到来。受邀的亲朋需送礼物或红包，礼物上多覆盖柏树枝叶，预祝新生儿长命百岁。新生儿满周岁那日，一些地方流传"抓周"的风俗，即在一个地方摆上书本、纸笔、算盘、装饰品等，由孩子自由选取，据说孩子抓起的第一件东西，能够预示他人生的道路。

旧时流行拜"逢生寄爷"的习俗，但与现在拜"干爹"是两码事。家里有了新生儿后，第一个登门的不是亲戚的男人，就是新生儿的"寄爷"，主家需要丰盛招待一个汤碗，"寄爷"要连汤带水喝个精光。"寄爷"离开时，主家还需用红纸包上一只瓷调羹给他，祝他"行时"，之后，一直作为亲戚往来。有关系密切的，知道某家生了小孩后，会争先恐后抢着去当"寄爷"，也有平时为人刻薄、为富不仁的，周边乡邻就是知道他生了小孩，也会绕道走，这样就便宜了那些游走乡下的乞丐，偶然登门，就做了"寄爷"，成为乡邻茶余饭后的谈资。

一户人家添丁，四方算命先生赶来"送见生"。他们凭借三寸不烂之舌，在红纸上写下孩子的生辰八字,推算孩子的运程,指导主家怎样避凶化吉,不论信否,主家必得以红包相谢,为孩子讨个吉祥。

传统观念中,产妇在生产后一个月内不能做事、不能出门,俗称"坐月子"。旧时人们认为,产妇坐月子期间,新生儿不能抱出门,男人或陌生人不能进入月子房,否则产妇会少奶。实在有人需进产房,需把身上的金属物件放门外。猫狗不得入房,产房内血迹不能踩踏,否则产妇无奶。产妇坐月子期间,不得在灶台上打水,不能到别人家去,否则被视为"晦气",要宰鸡放鞭炮消除"晦气"。产妇生产后三日内,不能吃荤菜,只能吃汤面、粉丝、红枣、红糖水等。产妇不能喂新生儿第一口奶,新生儿的第一口奶要请哺乳期的女人代喂。喂奶后,如果奶水过剩,要用杯子装了泼墙上,不能乱倒。

现在,生活条件、医疗水平大大提高,原有的一些生产忌讳、习俗因不科学,现在也不被认可、提倡。

十、丧葬习俗

我国丧葬礼仪由来已久。根据死者的年龄、性别、身份、死因不同,有不同的祭奠方式。病人垂危之际,儿孙辈必须守候在床前,称为"送终"。亡故的男人称"正寝",女人称"内寝"。父丧,丧家称自己为"孤子";母丧,称"哀子";父母俱丧,称"孤哀子"。七十岁以上的人寿终正寝,称"喜丧"或"白喜事"。

修水的丧葬仪式保留下来的程序有:送终、净身、报丧、吊唁、入殓、送葬等六个步骤。

送终。亲属子女与老人临死时告别。老人临死,要求子女守候在身边,如果父母去世,子女不在身边则为不孝。为了等候不在身边的子女亲属,守护者有的叫唤患者,告诉他还有谁不在身边,一定要坚持;有的用参茶补气;有的用现代医药挽救。即便各种办法无效,也要等没在身边的子女与老人见最后一面才能入殓,否则不合礼仪。

老人咽气时,要放一口大铁锅在卧室门口,亲属跪着烧送终钱,让死者带在身边使用;火纸灰要盛好,放坟墓内伴灵柩安葬。

净身。老人去世后,亲属端陶钵,带香纸,到水井或河边"请水"。先焚烧香纸,跪着取水,回家用取来的水给死者净身,头、胸、背、四肢各抹三下或七下。然后给死者换上寿衣,三、五、七件不等。用棉纱垂直系拢死者双腿,之后把死者换下来的衣服及睡过的席子、铺床的稻草等一起搬到大门外焚烧,将取水的陶钵摔破。死者装裹后,要仰放在木板上,盖好寿被,用火纸遮好脸部,用蚊帐将遗体罩好。之后,在死者脚前设案,摆放遗像、香烛、祭品,亲人守护,等候亲朋好友祭奠。

择吉。丧家将死者出生与死亡的农历年月日告诉地仙或算命先生,由他们推算入殓、下葬的日期和时辰。地仙选好墓穴,邀集家族和邻友到场,按照排定时间,做好丧事安排,正式进入治丧时期。

执事。由丧家至亲、邻居组成执事班子,或由单位组成治丧委员会,主持丧事的人又称"提调"。根据丧事规模,分设礼房、库房、礼宾、祭祀、后勤、杂务等项,明确分工。在家族或邻居中,挑选年轻力壮的担任"八仙",负责封殓、出殡、安葬等事宜,礼遇从优。榜单公布后,各人按分工落实其事。

报丧。将噩耗告知亲属或乡邻,叫"报丧"。报丧的形式有多种,第一种为人死当天写好讣告,内容包含送达亲友的姓氏、尊称,丧家具文的姓名,死者身份、生卒时日、祭葬时间,孝子及司书代告者身份、名字等。报丧要派人携带讣告、布帛分别到亲友家,亲友一见,给以招待或小礼,以示谢意。第二种报丧形式是用白纸写了讣告,贴在木板上,置于门前路旁,以告知亲友。第三种是由治丧委员会书写讣告,张贴于交通要道口,广为告知。

入殓。将死者装入棺木叫"封殓"或"入殓"。入殓有严格的时间要求。其时,死者家属全部到场;如果死者是女性,其娘家亲属要到场。死者头枕瓦片,口含茶叶、米粒、硬币,手持纸扇,身旁放死者生前喜爱之物。要将灵柩抬放入灵棚中,准备封棺。之前,孝眷检查放入棺内的物件,整理死者衣衾、寿被,将死者生前使用过的部分衣裤、袜子叠好放入棺内死者两侧。假如死者是女性,要请死者娘家亲属观看遗容,封棺之后,还需致祝词。家人向致辞者赠红包。之后,封棺发丧,呼煞。入殓后,把灵柩摆放在灵堂中央。用一只瓷碗,倒入茶油或桐油,放三根灯芯,叫"三星灯";也有用七只瓷匙做灯的,叫"七星灯",统称"长明灯"。这盏"长明灯"需置于灵柩之下,昼夜不熄。按出殡时辰,将灵柩抬出宇门外摆放,搭棚遮盖,叫"出柩"。棚内仍设案供奉祭品,孝子围棺守护,亲友吊客祭奠。

送葬,又叫"出殡""还山",是送别死者入土安葬的仪式。出殡前,丧家置办酒席,参加吊唁者全部出席。宴席由礼房执事者主持,孝长子身穿孝服,头顶托盘、酒壶、酒杯,站立宴席厅门外。燃放鞭炮,唢呐伴奏,主持人讲话,孝子随后讲话,主客回话。

宴毕,举行追悼会。之后,鸣锣开道,出殡送葬。送葬队伍基本次序为:鸣锣开道、撒引路钱、擎引路幡、花圈、祭幛、鼓乐队、孝子或孝孙端灵牌或遗像、八仙抬灵柩、孝子两旁护棺、亲友邻居加入队伍、唢呐师傅随后。灵柩经过之处,亲友设案祭奠,为"路祭",孝子拜谢。灵柩到达墓地,孝子拜谢八仙。

分金下字,又称落葬,是灵柩落土定位的一种形式。地仙确定穴位,孝子跪着挖三锄土,表示可以开基。八仙挖地打穴、灵柩落地,地仙架罗盘、定方位,称"分金下字",接着点穴呼地。之后以米酒、雄鸡、柴炭、米等呼祝,呼祝时,大锣敲打。主要内容是死者入土为安、后代富贵吉祥。孝子跪地拜谢,呼祝完毕,覆土安葬。

酬谢。丧事结束,孝子置办酒席感谢所有执事者,又叫"整谢饭"。酒席上,死者家属致谢词,八仙代表致答谢词。

辞香。丧事结束,外氏回家,向灵主做最后告别。礼房、库房各执事人清点礼金、财物,交孝子保管。妥善处理治丧费用、死者生前遗产、债务等,待亲属达成一致意见,丧事圆满完成。

丧家一般停柩三日,子女孝眷披麻戴孝,请和尚或道士诵经做道场。祭奠规模视丧家社会地位、经济条件、死者名望等各有不同。祭奠活动有内外之分,丧家主要祭奠形式有成服行孝和僧道诵经等,俗称"做醮""做道场"。外氏主要是吊唁、打祭。有工作单位的,一般举行追悼会。

祭奠种类繁多,主要有成服祭、孝子祭、客祭、路祭等。

成服。丧礼期间,按照古老的"五服"礼制,丧家近亲都要"披麻戴孝",穿不同等级的孝服。孝服分五等:斩衰、齐衰、大功、小功、缌麻。对应亲属也分等,直系:父子一等亲,祖孙二等亲,曾祖与层孙三等亲,高祖、玄孙四等亲;旁系:兄弟一等亲,叔伯堂兄二等亲,叔伯祖和堂叔伯三等亲,族兄弟和族叔伯四等亲。孝服礼制为:一等亲穿生麻布衣,不缝边;二等亲穿熟麻布衣;三等亲穿熟桐麻布衣;四等亲穿白细布雪衣。穿的孝服不同,守孝期限也不同:一般穿斩衰丧服的守孝三年;穿齐衰丧服的守孝一年;穿大功丧服的守孝九个月;穿小功丧服的守孝五个月;穿缌麻丧服的守孝三个月。遵照丧服礼制,凡丧事期间,要脱去美服,换上孝服,叫"成服";服丧期满,脱下孝服,换上美服,叫"除服"。母死,家门请外氏为孝子授麻衣;父亡,由族长为孝子授麻衣。与孝服相配的,有哀杖、孝鞋。

吊唁,是亲戚朋友对死者悼念和对死者家属慰问的礼仪。在给以精神安慰外,一般送花圈、火纸、鞭炮等,也有的送现金。农村风俗,出嫁的女儿、孙女,要置办礼品、糕点、水果、烟酒酬谢八仙和执事者。

打祭。有成服祭、孝子祭、客祭、路祭等形式。成服祭由礼房主持,主祭者朗诵祭文,分发孝布。所有孝子跪伏在灵柩或遗像前,哀领孝服。孝子祭由家族主持,一般在晚上进行。客祭是亲朋对逝者的祭奠,路祭是逝者经过时,路两边的住户举行的祭奠,反映的是一种浓郁的乡情亲情。祭奠仪式多在晚上举行,孝子或主要亲属写好祭文,由和尚或道士引导,围绕棺木一遍遍吟唱,表达对逝者无尽的哀思,俗称"打祭"或"忏灯"。修水东南部地区有唱"夜歌"的习俗,八仙依照编好的"夜歌书",以七字一句的方式吟唱,伴之以乐器,直到天明。

死者葬后三天内,孝子每日傍晚到墓地送"烟把"看坟。"烟把"由稻秆扎成,乡俗传说,燃烧得干净,则逝者没有牵挂;燃烧得不干净,说明逝者还有未尽的心愿。守丧期为七七四十九天,每天需燃香点烛。有丧事的家庭,两年内不得用红纸书写春联,举办丧事之后的第一个春节,需扎牌坊、摆果品、焚香点烛,接受亲朋好友拜案,俗称"拜新案"。主家要设宴招待前来拜案的亲朋。

旧时,丧礼习俗有许多禁忌:如孝子居丧期间禁寻欢作乐、涂脂抹粉,应穿白、青、蓝服装;凡在外死亡者,只能在屋外搭棚停放尸体,进行殡葬;忌跨月做道场;抬灵柩归山,禁从别人屋后经过;行人途中遇丧事要回避,绕道而行;犯空亡(亡人生肖忌时)的死者,不能入土,只能在偏僻处搁置棺木,择时安葬;犯亡人煞,所忌生肖的人要回避,不然会影响健康;等等,今多不讲究。

之前,农村实行土葬。修水西北片区乡镇盛行搭"生茔",占地数十平方米,耗资巨大。东南片区乡镇实行生态埋葬法,即依山就坎,截出平面,向山体中挖,把棺木推进去,用碑石砖块封洞口,简单方便。因为治理"青山白化"工作的需要,现在农村推行火化,禁止棺木安葬,逝者遗体送殡仪馆后火化,盛入骨灰盒,再进行埋葬。原来的超度现在简化为瞻仰遗容,举办追悼会,推动了文明习俗养成。

第七篇 武 术

一、字门拳

字门八法俗称字门拳,是一种练拳、练气(身心并练,刚柔相济)相结合的拳术。字门拳讲究擒拿格斗,点穴精奇,借力打力,以柔克刚,以静制动,以疾克迟,沾身即发。其拳理与太极非常相似,故扬州武术家金一明最先把字门拳列为内家拳。

字门拳由武当内家拳继承人余克让偶然看到鹰蛇搏斗所创,字门八法因"残、推、援、夺、牵、捺、逼、吸"八个武术套路而得名,分解精华有袖珍十八法,八法归总。后人为纪念余氏先师,故又名余家拳。余克让先生遗著《精奇妙法》一书对字门拳的运用方法和技击特点做了精辟的论述,成为当今研究字门拳理论的珍贵资料。

字门拳源流典故众多。有一说:一日,高僧罗明云游至江西清江境内,遇当地硬门拳大师吴鹤明。吴鹤明按江湖习俗设宴款待罗明,到晚上两人依江湖规矩相互切磋。礼毕,吴鹤明全力使出一招"黑虎掏心",满以为一招奏效,谁知罗明身轻如燕,一招"贴壁挂画"轻而易举让吴鹤明扑了个空。见此绝技,吴鹤明大惊失色,就地拜罗为师。从此吴鹤明跟罗明改学字门拳,随师各地传艺,遂使字门拳流传于江西各地。

附：

义重艺高习字门
——探访字门拳宗师习艺高故里
谢小明

受九江市史志办副主任涂开荣之托，笔者于2020年8月4日探访了字门拳宗师习艺高故里——黄坳乡岩嘴村。

盛夏八月，烈日似火，寂静无人的马路上，似乎有一股透明的蒸气在升腾。好在山间映入眼帘的或墨绿，或青绿，还葱茏着、葳蕤着，不再淡薄，不再稚嫩，浓浓地把生命展现。我们来到了习艺高继子余小春家，他与习师傅的最后一个徒弟陈德焕热情接待了我，并接受了访谈。经了解，岩嘴村习宗师的徒弟有陈德焕、彭先业、余于良、陈庆新、涂遂方、余于寿等四十余人，这是二十世纪八十年代初习艺高传教的最后一批门徒。其时，习师傅已近八十高龄，他一个外地人在此落户，常以打抱不平、救死扶伤为己任，得到当地人的尊敬，待之亲如家父。所以，习师傅也就毫无保留地将手艺传授给了岩嘴村的青年小伙子。

听说了我的到来，十来分钟，习师傅的七八个门徒就聚集在厅堂。在我的提议下，他们表演了字门拳的刀、枪、拳、棍、叉、耙、尺、流星锤、斧、舞龙狮。他们龙腾虎跃如奔雷闪电，拳脚威猛，快速出击，准确出手。出拳就像猛虎下山，伸缩自然；使械挥洒自如，配合得是那么默契和协调。他们个个身怀绝技，高超的武艺令人叫绝。

据家谱记载，习艺高，字义高，祖籍清江（今樟树市），生于光绪三十一年（1905），殁于1992年，享年八十八岁，有子二，习志红、余小春。

相传清朝末年，江西清江有名的拳师教头吴鹤明遇到云游到当地的客家人罗明而获得真传。此后，他们师徒二人共带了不少的徒弟。最著名的要数硬门拳代表清江义城乡清泉人邓金龙、字门拳代表清江义城乡清泉人郭子龙、法门拳代表新余人朱子龙。此三人号称"赣江三条龙"。这三门拳当中，又属字门拳最厉害。

习艺高十二岁开始习武，就是师从号称"赣江三条龙"之一的字门拳代表郭子龙。二十多岁时，习艺高已功夫超群，字门八法、推拿接骨、气功点穴等融会贯通,可谓是身心并练,医武相济,体用兼蓄。正是在这个年代,习艺高结识了两位朋友。一位是刘云龙(1885—1975),刘云龙是江西省永新县人,师承南岳衡山铁佛寺住持王超英,擅长铁砂毒掌,此时正好来向郭子龙学习五百钱点穴术,便成了习艺高的师兄弟。一位是涂公遂(1905—1992),涂公遂父亲此时正在清江县教书,涂公遂随父读书习武(涂公遂毕业于北京大学,整理了《孙氏太极拳全部图解》),习、涂二人在年轻时结拜为老庚。

1928年,张之江在李烈钧的倡议和帮助下,于南京韩家巷组建成立国民政府中央国术馆,"央馆"首任理事长为李烈钧。国术馆举办"教授班",张之江曾请来刘云龙拟任"首期教授班"班长。一时,全国省、市、县开办国术馆成风,江西更是盛行。"首期教授班"毕业时,国民政府的政要们纷纷邀请"教授班"学员做自己的侍卫、秘书,或做所辖军政部门的武艺教官,或做秘书室、机要室官员。而刘云龙毕业后回到国民政府江西省国术馆担任教授,1936年刘云龙邀请习艺高担任省国术馆教习。

1939年8月,经中华民族解放行动委员(简称解委会)老成员、江西省第一行政区专员李林(李小青)推荐,国民政府江西省民政厅厅长王次甫任命何序东为修水县县长。在赴修水之际,何序东在泰和与肖秉国、王少南、张自清、程泽民五人正式组成解委会江西核心小组(后增朱宗福为成员),何序东任组长,并带领解委会成员二十多人前往修水上任,核心小组即随之从泰和迁至修水。与此同时,何序东向国民党江西省政府主席、江西省国术馆董事长熊式辉要了一名保镖,时任国民政府军事委员会政治部设计委员的涂公遂推荐了习艺高。就这样,习艺高来到了修水。1943年,何序东离开修水,担任国民政府江西省第一行政区专员公署秘书,习艺高因失手误伤一地方恶霸的儿子,差点引发官司而未能同行。时任三民主义青年团第一届中央干事会干事的涂公遂出面摆平,并劝习艺高离开官场,到修水县桃里坪田山里帮助侍奉年老孤身的涂母石新慧兼替涂家护院。这一来可让习艺高隐居避难,二来可以让涂安心投身工作,一举两得。

1944年某日,国民革命军第三十集团军王陵基部驻扎在桃里附近某营连有二十多个士兵,荷枪实弹来到涂公遂母亲家抢劫,护院习艺高武艺再高也敌不过枪炮子弹，因此他带着涂母离开了涂家，流落到当时更偏僻的修水县黄坳乡岩嘴村，继续侍奉涂母。据说涂公遂因此状告了王陵基，与王结下了冤仇。从此以后，习艺高在岩嘴村落户，结婚生子，收徒传艺，救死扶伤。

1981年4月，习艺高在江西省武术观摩表演赛中，荣获一等奖。

1984年出版的《江西字门八法拳》中的《八法归总》章节，就是由习艺高演练的，全套共计四十三式，其中包括了字门拳的"残、推、援、夺、牵、捺、逼、吸"等八大技法，十大手法，五大腿法。该套路风格古朴，节奏明快，充分体现了字门大前提刚柔相济、圆转活泼、招式连环、快慢相间的风格特点和软黏硬靠、连削带打、冷弹暗踹、低踩边挂的技击特点。其劲力虚灵巧妙，深透五脏，制敌神魂，用法上妙理环生，从容中道。

1990年，习艺高受聘为九江市武术协会顾问。

习艺高武功高强，饮誉武坛，威震一方，在地方上无人可比。特别是一手单刀（一百零八刀），舞弄得水都泼不进去。他舞刀时，只见地上一个黑白影子在滚动，一伙人围着他同时投掷萝卜，萝卜被单刀削在地上成一个圆圈，收刀后面不改色气不喘。他的字门拳的"残、推、援、夺、牵、捺、逼、吸"八大技法，样样出神入化，六十四片手更是精益求精，"五百钱"的打穴、闭穴、点穴、摸穴、拿穴，穴穴精准无误，三十六大穴、七十二小穴，收手解治，推拿接骨，跌打损伤，功有奇效。

习师傅不但自身武艺超群，他所教的徒弟大多是武林高手。

习师傅的第一个门徒是黄坳人涂长顺。此后几十年中，涂长顺在修水县的黄坳、桃里、庙岭、三都、何市、上杭及修水县城，武宁县的石门楼、清江，铜鼓县的带溪、大塅等乡镇带有徒弟数以百计。

习艺高继子余小春2013年在九江市第二届传统武术锦标赛中荣获字门拳、字门单刀两个金奖，习艺高最后一批徒弟组队（黄坳岩嘴武术队）参加2015年全国"龙腾狮跃闹元宵"江西大联动修水县龙狮大赛获三等奖，参加国家武术段位制修水县考评点2015年段位制考试暨协会、馆、校联谊活动大会获优秀表演奖。

习艺高徒孙、涂长顺徒弟李木荣2018年参加修水县第二届传统武术大赛，获第一名。

习艺高师傅传艺特别讲究一个"德"字,他认为手有手规,手有手德。他恪守门规中的三传、三不传、六律、六诫。他收徒入门时,让其跪地拜祖,对天焚香发誓:艺成后绝不为非作歹,不传非人。因此,他需经多年的审视后,方予传授徒弟绝技,特别是"五百钱"点穴术。

习艺高一生尽做好事,村里街坊有跌倒损伤的,他会迅速救治,从不收人家一分钱。据徒弟陈德焕、徒孙李木荣介绍,1972年有一天晚上大队开群众大会,一个老戏台塌了,当场压伤五十多人,有的有生命危险。大队派人请来习师傅,习师傅忙了一整夜直至第二天上午十点,推拿接骨敷药,将五十多号伤者救治脱险。他没有收群众一分钱,大队给他抵了一天义务工。1981年的一天,公路旁一装松木料的司机被木料压得不能动弹,习师傅闻信后,三步并作两步走,赶到出事地将伤者救治痊愈。他没有收取分文,只是叮嘱司机在跑车时遇上老弱病残,停下来带他们一程。

二十世纪八九十年代,有许多武术戏班走江湖卖艺。来到修水卖艺的班主总会带上礼品上门拜访武功高强的习艺高,习师傅从不收受他人礼物,更不会砸班拆台,逞强找碴儿。

习艺高师傅具有高强的武艺和高尚的武德,可谓德艺双馨,是武术界大师,江西字门拳第四代传人,修水字门拳第一宗师。

二、黄龙拳

黄龙拳古称硬门拳、小手,又称操手,后称黄龙十五式。

硬门拳是由清康熙年间冰鉴禅师所创。据传,当时禅师看见众僧侣日日拜佛打坐,身体虚弱,就教大家伸臂转腰。一日,他对众僧说:"缓伸手,轻出腿,柔转腰,猛瞪眼,大声吼,再发力,方顺气,骨坚硬。"弟子了通问冰鉴禅师:"此功何来?"禅师曰:"洞宾法师所授。"又问:"何时传授?"师曰:"你不见井旁石亭柱上二指痕吗,指不硬何来身坚?身不动何能仗剑?体不强何可久坐?"众弟子跪拜在地呼:"神人也。"一日,弟子们问禅师:"何处可伸腿?"禅师曰:"门外草场可。"弟子又问:"此称何名?"师曰:"指不硬亭柱何能留痕?门外不伸腿何能坚骨?就叫硬门吧!"从此该技就叫硬门。

操手,也可以称为罗汉操手,是清代觉聪永性禅师任黄龙寺住持时,庙中的执事慧全法师所创。慧全法师,俗姓冷,修水白桥周岭人,十二岁随母亲讨饭到九江,二十八岁在庐山海会寺出家,五年后来到修水县黄龙山黄龙崇恩禅寺修炼。慧全法师有个外号叫铁掌懒僧,此僧不修边幅,邋里邋遢,相貌奇特,身材矮小,性情古怪,灵活如猴,武艺高强。法师当时练的是古拳操手,他到崇恩禅寺后,把寺庙里流传的硬门拳实战技巧与操手取长补短结合在一起,创编了十五式的雏形,当时起名叫小手,据传当时已经有了手、腿、肘三式。硬门拳小手在这时诞生了。

一日,法师坐在山门外一块写着"黄龙山"几个大字的大石上晒太阳,山外来了三个身着武将衣服的中年人。他们来到寺门口,见法师在晒太阳,其中一个身材魁梧、面黑如锅的人对着法师喝道:"小秃驴,住持在吗?"法师一听心里有些不舒服,翻着白眼随口说道:"不晓得。"那人见这个小和尚爱搭不理,就上前一把抓住法师的左手衣袖,说道:"你给我滚下来。"他用力一拉,法师顺势跳下来,落地时一脚踩在他右脚背上,他疼得松手抱着脚在原地转圈骂道:"该死的秃驴敢踩我,看我不打死你!"话音未落,那人一拳打来,法师用前三角步一下子绕到他身后,一个顶肘击中他背部,只听"砰"的一声,那人已扑面倒在旁边的水沟里。另外俩人见状,头发倒竖、面色铁青,将手中的包袱一丢,冲上前去打法师。法师迎面一个横弹,将右边那人踢倒在地,随即转身一脚把左边那个也踢翻在地。这个时候,他们才发现这个小和尚是个高手,从地上爬起后准备再次动手。永性住持得信后,匆匆赶到喝住双方,住持双手合十向他们道歉,并请他们进寺。从此,寺内外方知慧全法师是个功夫高手。那第一个和法师交手的武官被法师高深莫测的武功震撼,出家当了和尚。

后来,经过数辈人几百年来不断实践、拼搏与钻研,终于创造出惊世骇俗的武功——黄龙拳十五式。尤其到了清末,通过印勤、本忠、云慧、山智众大师们不懈的努力和总结经验,黄龙拳在技法和理论上完全成熟,成为武林中知名的拳种。

黄龙拳十五式这个名称是由清末黄龙寺印勤法师命名的。印勤法师为什么要将"小手"更改名称呢?根据山智大师所说:"那个时期的小手已经和硬门拳无论在理论上还是在实践技术上都彻底分开了,形成了独立的拳种,大家将这种专门的搏击拳法称为小手(直到现在,在修水很多地方'小手'的名称还有人在叫),印勤法师为了更明确地区分这两种不同的技术,所以将小手更名为黄龙拳十五式,简称十五式或黄龙拳。这样就和硬门拳彻底分开,形成了华夏武功另外一个独立的拳种。"

什么是十五式?十五式没有规定的套路,只有单个招数动作,这些招法是指人身上部位:头、肩、肘、手、胯、膝、足、腹、背,其中头、腹、背为一式,其他各为二式,共十五式。每一式中又有若干分式,另外还有心法、绞摔、点穴、兵器、战术等。这些招式的创立都是为了一个目的,那就是,有效地防止敌人的攻击,瞬间给敌人致命一击!它是最古老的武术技击技法之一。

十五式这种拳术当时在黄龙寺里也不是每个人都能学的,能学习这种武功的只有极少数人。十五式在武术品德上讲究"重修心、正品德、静性格、善行为(善行为讲的是人要友善,有善心,不能以武欺人,仗武害人。)",在技术上要"发整力、精绝技、强功力、只一杀、不花架、讲实用",有"打踢靠顶砸、碰扫砍捏权"等实用技法。它是讲究"击必有效、效必有果、空必速进、进必速击、击必速倒、倒必速决"的拳种,与人交手有"胆、狠、稳、快、变、毒"的六字真言。

那个时代,练武之人认为锻炼身体没有那么重要,认为"打"(防身)才是练武功的最终目的。原来在南方练武功叫"学打",现在修水县民间也有很多人这么叫,印勤大师曰:"功夫用于打,保命只能拼。""打无戏言,打莫轻谈。"十五式在历代掌门人心中无比重要,有"宁可丢掉生命也不可乱教一招"的说法,认为"有德者方能习之"。歌曰:"十五绝技慧全传,传人必须品德全,暴躁轻浮不可习,欺凌霸道无功缘。"寺内习武的武僧要观其人品、悟性、勤奋、忠诚才能学习,就是这样也只能学习一至三式,绝不能超过三式。十五式技术只有掌门人才能够掌握。

黄龙寺三百多年来流传的操手和硬门拳是所有练习武艺的僧人入门的功夫。硬门拳以套路为主,经过数辈师傅的传承和改进,到现代留下了十八个分系,也称小门派,有的人是以门派(硬门)形式教拳,也有些人学习硬门拳法后不愿意教习外人,只教本姓人家,以家族的形式传承了下来。现在,在修水以家族形式传承的有白岭的胡家拳,上杭的陈家拳、谢家拳,溪口的周家拳,山口的赖家拳,上奉的荣家拳,赤江的查家拳,县城的黄家拳,走马岗的胡家拳,等等。留下的代表套路有大战拳、太子过西关、五峰六肘、练步拳、钩子步、猫拳、走桩、五门楼、偏马、四门桩、七星拳、七下半棍、春秋大刀等百十个,还有十八般兵器:单刀、大刀、双刀、耙、枪、剑、棍、戟、鞭、铜斧、锤、拐、铲、矛、槊、戈、镋、流星锤、铁尺等。

操手,主要是手法、脚法的单练,注重人的身体素质的练习,和吸、吐、吞、闭等气息的运用练习。硬门拳套路教学不受限制,当时老百姓还请有功夫的和尚出山教拳以御匪患。硬门拳是上行法师传向民间的,现在修水百姓中还有在练习的。硬门拳几百年来因为没有出现过什么特殊的高手,地方上拳师们也比较封闭自守,怕教了徒弟打师傅(黄龙拳历史上有这样的说法:出师时是要和师傅交手的,所以师傅们都留一手,要不然就不教),加上文化水平都不太高,所以发展、传承较慢。有些动作已脱离了原创套路的原貌,就是同一种套路招式也有些不同,但拳术风格基本没有变化,理论基础基本没有变化,还是讲究"硬打硬砸进洪门,出手使招不留情。转身挂带为神功,遇强逢急使落空。双手似门不放松,腿法不可超体中"。套路短小精悍(时间大都在二十秒左右),重手法、发力短促、以声摧力。

十五式无论是动作技巧还是拳术理论,都十分优秀,可以称得上是武林中的一朵奇葩。它最大限度地利用了人身体所有能进行打斗的部位,延伸、增强了它们的功能,挖掘和调动了人最大的潜能,使人的意愿和自然巧妙结合,大大地提高了攻击和防守的能力。特别是经过认真、刻苦的练习能提高人们的身体素质,成倍地增加力量和自信心,使身手敏捷,大脑灵活,力量大增。

经过长期刻苦的练习,练习者会慢慢地进入一个随心所欲的境界,即所谓"空"的状态中。"空"是黄龙十五式功夫中的最高境界,进入了这种境界,招式完全脱离了"图式"的范畴,能随心所欲地使用,而且力道强劲,收放自如,就如山智师傅说的"招为空中风,风飘变无极""技在意中出,意在技中流。劲发抖冷功,绝杀只一冲。耳听偷杀风,皮闻力轻重。举手敌腾空,晃身人无踪"等均是较为深奥的招式。这是十五式前辈们对中国功夫的贡献!云慧住持说:"武功之根在佛门,功夫之深在禅机。"这话说得的确不错!

学习武术首先要按先辈们传下来的方法去学习,这种学习方法我们在这里称之为"照图学习式"的方法。所谓"照图学习式",即在一张白纸上已经画好了图的式样,照样学习,就是说任何武功都是按前人设定好的招式、方法、套路,一招一式去练习。特别是套路,最为典型,也只有这样才能学会规定的招式,但这些招式只能用于锻炼身体,提高人的灵活性和协调性及体能。只有练熟、系统地掌握了实用的招式,才能将这些招式根据实战的需要而随心所欲去变化,这才是最重要的。

(谷　鸣)

三、法门拳

法门拳是江西的地方拳种。此拳来源不详,据说以字门八法为基础衍生而成,故又称"法字门",是一种以柔克刚、以静制动的拳术。法门拳基本手型有平拳、珠子拳、柳叶掌、贴掌、勾、爪、金枪手;基本手法以点插、擒拿为主,还有拦、截、砍、滚、挑、摔、封、勾、挂等;基本步型有弓步、马步、丁步、扑步等;基本步法有抢步、窜步、三角步、蛇形步、圆狐步等;腿法有踢、勾、挂、剪、扫、铲等。法门拳身型要求沉肩、纳脯、拨身,身法要求侧身进退,"吞如坐猴纳物,吐似猛虎奔山,浮如蛟龙摆尾,沉似水底捞石"。劲法以寸劲、抖劲、缠丝劲为主。运动特点表现为出手取中护中,即靠近身体正前方出入。出腿讲究踢不过膝,踹不过腰,与人对搏时讲究以静制动,以守为攻,借力发力,顺势牵带。

练习法门拳分三步:第一步练静桩,以求步稳劲整;第二步练活步单操,以求走马圆活、手法便捷。第三步练套路。法门拳主要拳术套路共有十八趟,名曰单贯、双贯、遛马、二防、大金丝、小金丝、三角抖、连环步、顺开拆、反开拆、五虎穿裆、蝴蝶扑地、水牛分筋、五马破槽、开胸破槽、圆滚倒马、落地开花、拉弓出杀。

四、陈门钩子拳

上杭乡查林桥陈氏崇尚武术,历史上就是远近闻名的武术世家。查林桥陈氏为龙峰陈氏十六世祖德明公后裔,德明公于明洪武年间由高乡三十五都的蓝卷九井迁居三十七都(现属上杭乡),此地因其后裔建造的查林桥而得名。

陈门钩子拳1

查林桥陈门武术不断发扬光大,其中蕴含着龙峰陈氏家族深厚的历史渊源。元至正十一年(1351),龙峰陈氏祖居地安乡九都有乡寇作乱,暴劫乡邑,洞下陈龙父亲出面劝谏而被害,陈龙与弟聚义士杀贼平乱,乡邻得安,归附者有数万之众。元至正二十二年(1362),朱元璋攻克南昌,陈龙与弟陈良上表归附,一拜怀远将军,一授武昌卫指挥。众多龙峰陈氏子弟从军出征,跟随陈龙、陈良兄弟转战南北西东。此后,龙峰族人将习练武艺作为强身健体、除暴安良之利器,不断传承发展。至明正德年间,查林桥陈氏已传五代,家族兴旺发达。为弘扬尚武传统,陈氏延请家族内武功高手开馆授徒,培养青少年武术人才。当地俗语称武术为"打",练武为"学打",一个培训班为"一棚打"。最兴盛时,上杭陈氏家族开设近二十棚打,习武子弟多达五百余人。由此,民间流传有"查林陈家名声大,男女老少都会打"的说法。至清嘉庆年间,查林桥陈门武术已形成自己独特的武功套路,主要有练步拳二十四步、五虎下山二十四步、孔明踢灯二十四步、鸳鸯肚十二步。

清光绪年间,三十二世祖本熹公秉承武术强身健体的武德宗旨,在学习吸收各派武功精华的基础之上,独创四门钩子拳。此拳以防守为主,不主动发起进攻,当遇强敌袭击时,能快速反击,一招制胜。

陈门钩子拳2

四门钩子拳是查林桥陈氏独创的武功,只在家族内部传授,不对外收徒传艺,从来不在公开场合表演展示。全套武功一直作为家族秘密,在家族内部也只选择德艺兼备的子弟单独传承,至今已传承五代。

　　四门钩子拳创始人陈本熹,字绍贤,号良,又名容瑞,龙峰陈氏三十二世,生于清同治五年(1866)6月29日,殁于民国十九年(1930)1月21日;第二代传承人陈焕祥,字宝凤,号广敷,龙峰陈氏三十三世,生于清光绪十九年(1893)9月12日,殁于1955年12月12日;第三代传承人陈锡发,字振兴,龙峰陈氏三十五世,生于清宣统二年(1910)9月19日,殁于1973年10月3日;第四代传承人陈沾文,字良,龙峰陈氏三十六世,生于1954年7月2日,热爱中华武术,积极推动查林桥陈门武术的传承发展,在全县多地开办武术培训班授徒传艺,2014年率队参加北京国际武术文化交流大会暨北京国际功夫交流大会,夺得钩子拳银牌、虎叉铜牌;第五代传承人陈荣元,字才元,龙峰陈氏三十七世,生于1982年6月27日。

　　近年来,查林桥陈门武术继承人在参加县、市乃至全国性武术比赛中取得优异成绩,获得金、银、铜牌若干,并先后在修水县城、四都、新湾等地开办武术培训班,培训武术爱好者近两百人。

第八篇 歌　谣

一、劳动歌谣

1. 采茶山歌

茶园如海难见边，口唱茶歌心里甜；茶姑好似穿花蝶，一唱众和万万千，全是茶姑自己编。

太阳出来照西方，照得茶园绿苍苍；姑娘提篮茶园走，双手飞舞采茶忙，采茶山歌遍山岗。

2. 锄山催工歌

催工歌子难起头，柴草丛密山难开。锄山好比龙打斗，又像猛虎上山来。嗬哟嗨，跟上来哟！

层层茶山重重雾，重重雾用茶籽树。锄山对面不见人，请你听我催工鼓。嗬哟嗨，快快上哟！

茶籽树上开白花，情姐爱我我爱她。情姐爱我仁义好，我爱情姐一枝花。嗬哟嗨，真不差哟！

3. 长工歌

正月长工去上工，土箕扁担不离身，去时一担牛屎粪，转身一担草皮茎，还说长工不忠心；

二月长工去犁田，扶犁赶牛猛飞鞭，上午犁了二亩半，下午又犁两亩三，还说长工偷了奸；

三月长工忙育秧，秧田耙得镜面光，日里选种浸禾种，晚上催芽把水淋，浸坏种子要赔偿；

四月长工栽禾回，手指磨破几层皮，腰骨要断伸不起，汗水湿透全身衣，倒在铺边流眼泪；

五月长工耘禾忙，肩挑石灰手拿棒，先将石灰满田撒，禾稍田面白如霜，脚烂手破叫爷娘；

六月长工去锄薯，汗水湿了地里土，脚上烙起火子泡，背上晒掉两层皮，口干舌苦不敢回；

七月长工去砍柴，刺扯裤脚两边开，请向主东娘子讨根线，"对面山上有葛藤"，想起长工真可怜；

八月长工去割禾，肩着谷桶打哆嗦，早上吃了两碗粥，中午饭菜又不多，闻到谷香肚子饿；

九月长工晒薯丝，半夜三更叫天亮，挑薯大担加小担，刨薯刨到黑夜深，手上刨得血淋淋；

十月长工冬种忙，种完冬豆种小粮，冬豆小麦刚下土，又要砍柴又挖塘，脚踩冰水手抓霜；

冬月寒天雪纷飞，长工砻谷把米舂，烧茶煮饭铡猪草，挑粪扫地又搓绳，天光到黑手不停；

腊月长工要散工，主东翻簿把账清，过时过节办了货，损坏东西要赔偿，年头到尾一场空。

4. 春插谣

菜花满塅黄呀，布谷困冬床。春来它不晓呀，哥妹插秧忙。
好种结好瓜呀，好女要好娘。田平如镜面呀，秧苗青又壮。

抢时最要紧呀,早插早收仓。全家齐上阵呀,栽下优选秧。
春天忙一季呀,夏日谷满仓。春种多流汗呀,秋实喜洋洋。
百业齐发展呀,务农先抓粮。

5. 天光起来做到晚

天光起来做到晚,男人勤快仓仓满,女人勤快件件新。仓仓满,件件新,自家衣食不求人。

6. 边唱山歌边耕田

边唱山歌边耕田,少费工夫不费钱。唱出自己心里想,别人听了也新鲜。

7. 唱完山歌绿满田

太阳照在栽禾田,山歌越唱越新鲜,前面栽得快又好,后面攒劲赶向前,唱完山歌绿满田。

8. 哪有工夫吃姐茶

郎在山头打芝麻,姐在山下喊吃茶。郎要赶工不停手,哪有工夫吃姐茶。

9. 修河滩歌

东门一出二神滩,窑棚扫帚两边拦;磨滩小水平平过,噪滩独石用心拦。零盘滩里挨山走,抱子鹅颈出西关;上下彭姑忙荡桨,心中思想北岸滩。杨梅渡过狗肚里,栏杆滩里转二湾。烈马驼印孙家瓦,河潭衍里浅沙滩。洋湖港口武宁界,猪牙窖里水溅溅。彭姑头来都是曲,潭州罐里老虎滩。谨防吊口雷打石,清江哨湾把船弯。新开河路野猪噪,伶牙俐齿细米滩。三陡滩里真三陡,下了仰滩流白湾。桃树衍过龟颈里,澧溪铺店对崖山。脚踩高滩繁华地,岭岗五帝不消拦。仙人潭里转二湾,艄公喊叫用心拦。织女抛梭梅家湾,下了王竹又王竹。王竹脑背枇杷洞,石渡铺店对崖山。牛肚衍里防备浅,汤家埠下把船弯。远远望见鸡公嘴,湖滩好比刀过山。新县滩里滩一半,邓埠下去狗屎滩。帅公碑头八字水,秤钩滩头是饶湾。

两橹摇过太平衍,古人钤记磨刀山。梅岭滩里如见虎,吓得艄公面无颜。张家滩里伴山走,望见武宁一座城。把船弯到南门口,沽酒剁肉把愿还。客人劝我三杯酒,昏昏醉下东渡滩。两橹摇过双凤口,小滩出口对崖山。辘州缆里真辘州,下了徐滩又徐滩。西滩头里老蛤石,打鼓潭里好歇夜。车前衍里齐打号,潭埠店里马头山。病滩头来三湾曲,巾口下去小杨滩。鹅卵州背仙姑寺,古人钤记墨斗山。康滩头来康半昼,松树坪离露狮滩。箬溪铺店悬悬望,前面就是三洪滩。九十九个鹅卵石,艄公喝叫用心拦。河埠有个二麻子,桃花衍里寄书还。拜上家里全无事,船只下了柞林滩。忙桨荡过易家埠,白槎上首同步滩。两橹摇过张公渡,黄牛拖磨藕梁横。虹津夜夜防盗贼,端阳嘴上对青山。美女献羞梁山后,夜宿孤州马家湾。建昌门前防备浅,前河后港罗娟滩。两橹摇过炭埠口,炭埠河里转二湾。把船弯到西都嘴,沽酒剁肉把愿还。或往赣州或去省,或往湖口九江关。或往赣州景德镇,或往樟树并水湾。有风就把风头走,无风就把纤来拉。这首滩歌都唱尽,湖广江西远驰名。

10. 采桑歌

新作田塍横横光,作好田塍好栽桑。一条田塍栽三转,三条田塍栽九行,栽大桑树好连郎。

麻风细雨洒洋洋,姑姑提篮去采桑。桑叶长在桑树上,八件罗裙树上飘,风吹姐花满园香。

亲哥闻得姐花香,工夫不做去连娘。千说万说姐不愿,千句万句口不张,回家投与你爷娘。

交了情来转回归,郎往东来姐往西。郎往东面去看水,姐往西边采桑归,风吹芒花各自飞。

嫂嫂说话笑嘻嘻,姑姑今日吃了亏。去时梳过盘龙脑,转身头发散披披,如何背上有黄泥?

嫂嫂说话真稀奇,屋背桑树有高低。双脚踩在桑丫上,桑丫一断跌地里,因此背上有黄泥。

姑姑说话你莫争,屋背茅草踩成坑。前头两个巴掌印,后背一对女脚跟,中间两个膝头坑。

嫂嫂说话气杀人,落了金钗转去寻,寻得到来真欢喜,寻不到来震脚跟,脚跟把做膝头坑。

姑姑说话差东西,姑去采桑久未归。头上髻把谁人解,腰中罗裙不整齐,定是两人在亲嘴。

嫂嫂说话气杀人,鞋小脚打路难行。头上髻把迎风散,采桑罗裙哪能齐,日干食口山泉水。

姑姑说话这样精,还说嫂嫂赖你们。昨天我走街沿过,看见桑园两个人,黄河担水洗不清。

嫂嫂说话大不该,快请媒人进门来。再过三年卖了我,厅下板凳生绿苔,鬼都冇有进门来。

姑姑这般咯聪明,一口回报敢多人。今年养蚕莫留种,明年采桑莫留秧,免得姑姑烂牙眶。

你在外面莫进来,要换衣裳要换鞋。今年养蚕要留种,明年采桑要留秧,吾怕嫂嫂烂牙眶。

11. 打鼓挖山歌

(以前管理大面积油茶林,任务繁重,为了提高劳动效率,人民群众创造了打鼓催工这种方式,激昂的鼓点配上诙谐的唱词,使大家忘却疲劳,专心劳作。)

朝晨来,朝晨来,朝晨露水难打开,要等东方红日来。

红日来,红日来,红日照耀云雾开,晒得金街暖洋洋,晒暖金街等郎来。

朝晨朝,朝晨朝,朝晨打马过高桥,朝晨打马过高桥,风吹马尾缠郎腰。

朝晨耕,朝晨耕,朝晨牵牛到田边,前头牵只丫角牯,后面肩张曲犁园。

丫角牯,曲犁园,这只黄牛不耕田。打一梢,骂瘟牛,烂泥田中莫级嫌。

朝晨行,朝晨行,朝晨打马过凉亭。朝晨打马过凉亭,风吹马尾缠姐裙。

昼饭来,昼饭来,人是铁来饭是钢,昼饭不来饿肚肠。

日落西,日落西,铲完里(这)行好回归。日落西斜时不久,等到明朝再商量。

日落黄,日落黄,东家打酒待歌郎。待得歌郎笑连连,屋背黄土变钱粮。

日落西,日落西,燕子飞入海中里,打湿羽毛不能飞,收拾歌本要回归。

望东城,望东城,望见东边七个人。望见东边七个姐,摇摇摆摆一路行。大姐打把黄凉伞,二姐手拿绣花针,三姐有个金戒指,四姐有个聚宝盆,五姐有个唱歌本,六姐本是唱歌人,只有七姐年纪小,摇摇摆摆好神情。

绣花娘,绣花娘,绣龙绣凤绣鸳鸯,一绣麒麟和狮子,二绣金鸡并凤凰,三绣猫儿不上坐,四绣老鼠倒悬梁,五绣金鸡来报晓,六绣鹅鸭满池塘,七绣天上七姐妹,八绣神仙来下凡,九绣观音中堂坐,十绣罗汉来装香。

谢土地,谢土地,谢得土地笑呵呵,催问土地笑什么,东家油茶结成坨。

谢东家,谢东家,感谢侍奉真殷勤。明朝感谢东君走,满山油茶出黄金。

12. 爱情歌谣

人家痛姐我痛郎

郎栽禾来姐送秧,问姐痛郎不痛郎。吃个鸡蛋留个黄,人家痛姐我痛郎。

娇姐生得细丁丁

娇姐生得细丁丁,细面细嘴细腰身。说起话来像弹琴,赛过南海观世音。

郎嘴冇有姐嘴甜

鸭嘴冇有鸡嘴尖,郎嘴冇有姐嘴甜。记得前年呵个嘴,至今还像蜜样甜。

十八娇莲好做妻

天上起云云头低,白饭米汤好浆衣。红冠鸡公好做种,六牙水牯好拖犁,十八娇莲好做妻。

13. 望郎歌

正月望郎是新年,望星望月实可怜。郎在外面无音信,妹在房中等半年,想起郎君苦也甜。

二月望郎是花朝,寒天冷冻妹正焦。五湖四海落大寸,不知我郎在何方,心中好似滚油烧。

三月望郎是清明,港背杨柳正逢春。百草发芽生嫩笋,秀女在房冇知音,未见情哥到姐门。

四月望郎栽禾秧,不知我郎在何方。鞋袜破了冇人补,衣衫脏了冇人浆,真心难舍少年郎。

五月望郎是端阳,新打龙船下九江。各方各县人来看,不见我郎在何方,哪州哪府过端阳。

六月望郎三伏天,郎装宝货上四川。我寻过路大哥带封信,手拿欠板插胸前,个个见我叫可怜。

七月望郎处暑边,叫郎莫搭夜行船。我寻过路大哥带封信,叫郎莫走两边缘,长江三出保周全。

八月望郎大半年,大王庙里去抽签。五十一年成大吉,小小生意赚大钱,梅花落叶妹团圆。

九月望郎是重阳,天上雁鹅两成双。山林百鸟成双队,只有我妹不成双,莫非头世烧了断重香。

十月望郎小阳春,街上许多卖货人。路上行人千千万,不见我郎路上行,真心难舍少年郎。

十一月望郎雪花飞,多年拜谢我贤妻。三步并作两步走,两步并作一步行,家中看望我贤妻。

十二月望郎要过年，多买宝货接娇莲。一买丝带长长系，二买布带禁打边，打扮我妹好过年。

一行走下到堂前，就请娇妹拜个年。多养大猪纺细布，恭喜娇莲年顺年，早生贵子中状元。

牵牵扯扯扯扯牵，要请我郎拜个年。多买肥猪做大屋，恭喜亲哥年胜年，过年又去赚大钱。

二、红色歌谣

1. 农民山歌

农民同志唱山歌,如今革命好处多。大家从此解放了,土地公有学苏俄,共产社会乐呵呵。

农民受苦数千年,血汗流尽真可怜。唤起农民来革命,勇敢向前去斗争,革命胜利在眼前。

北风起来大雪飘,反动政府真糟糕。军阀混战冇天日,苛捐杂税货价高,郎打背躬我心焦。

郎叫姐,莫心焦,自有光明路一条。快快加入贫协会,打倒地主与豪绅,欺压剥削永世抛。

郎唤姐,我的乖,怕他什么狗奴才。军阀帝国一起打,暴动武装一起来,政府建立苏维埃。

2. 红军来了打红旗

红军来了打红旗,抗租抗粮又抗税。穷人听了大欢喜,豪绅听了扯颈皮。苦打长工做一年,到了年关要工钱。若是到时还不拿,捉起雇主用绳牵。

3. 红军仗仗得胜利

嘀嘀嗒嗒嗒嗒嘀,红军昨日攻修城。几个冲锋进了城,反动头子抓一堆。西门捉到钱营长,區里扒出丁靖卫。感谢亲人彭老总,红军仗仗得胜利。

4. 我和姐姐来站岗

红缨枪,肩上扛,我和姐姐来站岗。姐姐站在大路上,眼睛望向正前方。

5. 梭镖磨得光

梭镖磨得光,捉贼先捉王。打倒蒋介石,活捉许克祥。

6. 红军大如天

红军大如天,驻在桃花尖。穷人大胆困,富人出"花边"(银圆)。

三、民俗歌谣

1. 傩歌

神在天上喜洋洋,攀请朝天玉上皇。使者菩萨灵轿坐,马案施主立两旁。谢天谢地辞天神,祷告皇天万万春。辞别家堂香火神,坐得家堂保太平。

2. 十月怀胎歌

怀胎本是劝贤人,自古传来到如今。有父有母齐来听,南京唱到北京城。谁人不是娘生子,哪个没有老母亲?父母恩情深似海,不行孝道枉为人。敬父如敬西天佛,敬母如敬观世音。堂前父母须当敬,不敬爷娘敬何人?十月怀胎功劳大,养育之恩父费心。正月怀胎在娘身,怀胎上身一点精。犹如露水桃花样,无踪无影又无形。二月怀胎在娘身,如同露珠小模型。伯母婶娘都来问,不知怀胎假与真。三月怀胎在娘身,面黄肌瘦不像人。左想东边桃好吃,右想西边李尝新。桃梅李果都想尽,又想精肉炒鸡净。有钱丈夫买来吃,无钱丈夫枉费心。四月怀胎在娘身,娘今坐卧不安宁。孩儿肚子分男女,千思万想到天明。五月怀胎在娘身,坐在凳上懒起身,孝顺夫妻还思念,忤逆丈夫哼几声。三言两语来讲起,反说娘是懒惰人。六月怀胎在娘身,娘在家中懒出门,孩儿肚中翻身转,钻肠钻肚不安宁。晚间如同车上坐,白日如同在梦中。头昏眼花过日子,走路高低脚不平。七月怀胎在娘身,犹如高树挂葫芦,堂前扫地身难转,手提满桶苦中苦。八月怀胎重如山,低头容易起头难,肚子犹如斗斛大,穿衣着裤实为艰。九月怀胎在关边,不知孩儿几时生。本想回家看父母,又怕孩儿路上生。十月怀胎天降生,娘在房中叫皇天,牙齿咬得铁钉断,脚板踢得地皮穿。丈夫吓得一身汗,心惊肉跳不安然。跑进跑出无主张,托人去请接生人。请得生娘进房去,叮咛祝福说好言。去到堂前烧香纸,叩拜祖先快催生。丈夫堂前流眼泪,口念贤妻真可怜。一保房中生产事,二保孩儿寿命延。孩儿落地哭一声,孩儿身上血淋淋。孩儿落地哭两声,伯母婶娘进房中。孩儿落地哭三声,一家大小放下心。铜盆打水来洗起,香汤沐浴抱在胸。洗坏长河一江水,污秽东海老龙宫。污秽江河污秽井,法网天上太阳星。生儿污秽天和地,娘死之后坐血盆。生为子女多磨难,死为子女受苦辛。寒冬腊月洗尿片,你娘冻得手发青。双脚冻得红又肿,双手冻得紫色纹。脚冷踩踏地上草,手冷只得插腰身。归家来晒裙和片,听到孩儿哭几声。莫非孩儿肚饥饿,莫非孩儿受了惊?急急忙忙进房去,孩儿身上尿淋淋。又要换衣洗裙片,又将孩儿抱在身。天天为儿忙到夜,夜夜为儿多操心。孩儿夜夜拉屎尿,床上如同水牛栏。干处让给孩儿睡,屎尿之处睡娘身。推干就湿娘辛苦,懵懂孩儿不知因。倘若一床都湿了,手抱孩儿睡娘身。你娘睡得湿床久,老来病多手发疯。一日吃娘三次奶,三日吃娘九次浆。点点都是娘心血,娘到老来面皮黄。娘奶不是长江水,娘奶不是树木浆。一周两岁入幼稚,三周四岁笑满眶。五周六岁娘边子,七周八岁进学堂。读得三年并五载,又送书院学一场。读到圆篇中秀才,想娶媳妇配儿郎。委托亲朋做介绍,探听何处有姑娘。东边看走西边出,南边看到北边转。孩儿又想姑娘好,又讲姑娘要漂亮。哪个不想好妻子,哪个不想好儿郎。找到一个如意女,兴高采烈娶妻房。三百礼金不能少,二百喜肉送上门。鸡公酒礼都在外,五百现金做衣裳。各样红包都不算,大摆宴席接新娘。吹吹打打来迎娶,宾朋贺客一满堂。长子婚事才完陪,又操次子结成双。个个儿子都完娶,又操女儿出嫁忙。男婚女嫁都做好,又来艰苦建华堂。父母日夜殷勤做,想在世上争点光。上为祖先争志气,下为儿孙造福长。只望老来来享福,也想守福坐高堂。谁知想来成画饼,不如人意大变样。有些婆媳不相合,有些姑嫂意见长。有的兄弟不和睦,有的嫌弃老爹娘。钩心斗角常相骂,日夜结怨实难当。老爷气得肝肠断,老娘气得泪汪汪。不过同居几个月,又来分家各住场。家物等件和农具,房屋家产尽分光。破破烂烂归二老,又剩孤苦老爷娘。丢下父母空寂寞,倒吃黄连苦难当。年老体弱不能做,生活日更日苦寒。缺油少盐来度日,少米无柴度时光。有些子媳行孝道,有些儿女细思量。有的子媳不行孝,竟把爷娘丢一旁。一生功劳下了水,枉在凡间走一场。养儿代劳不代劳,积谷防饥也不防。燕子衔泥空费力,长大毛干各一方。在生父母不孝敬,死后何须哭爹娘。上山得见新坟冢,回家看到纸一张。灵前果品般般有,不见爷娘把口尝。不要儿媳一两米,不向儿女要衣裳。不要儿媳来服侍,不要儿女端茶汤。全部家财都不要,辞尘去世往西方。茶酒饭菜都空摆,麻衣大孝假心肠。纵然苦得肝肠断,你娘到底在何方?千哭万哭一张纸,千拜万拜一炉香。从今一别爷娘面,千年万载不回乡。奉劝世人多行孝,切实行孝敬爷娘。行孝还生行孝子,忤道还生逆儿郎。堂前椅子轮流坐,以后你也做爷娘。不信但看檐前水,点点滴滴照往常。人生不行忠和孝,就如禽兽在世上。羊知跪乳报娘德,鸦能反哺奉老娘。二十四孝须当学,目连促经救亲娘。孝悌忠信须牢记,礼仪道德不能忘。劝君要忠忠于国,劝君行孝敬爷娘。人生要行忠和孝,家庭和睦大吉祥。吾儒尊崇行圣教,孔圣先师教义方。十月怀胎都唱尽,你娘瞑目上天堂。

3. 九九谣

一九二九,霜风吹手。三九二十七,檐前倒挂笔。四九三十六,筒车不转轴。五九四十五,黄狗钻灶洞。六九五十四,乌泡生嫩刺。七九六十三,行人路上脱衣衫。八九七十二,牛在田中哞。九九八十一,穷人难中出。

4. 公婆打架莫记仇

结蛛崽,夜夜游。婆布丁,公打油。公婆打架时常有,公婆打架莫记仇。

5. 情景歌

正月情景是新春,唱支山歌劝世人。一劝世人要勤谨,二劝世人要用心。
二月情景燕子飞,百般宜早不宜迟。莫学人家懒惰子,今日东来明日西。
三月情景开白花,家家耕种乱如麻。砍好草籽种棉花,百般早种早发芽。
四月情景插禾秧,日栽禾来晚扯秧。栽得禾来茶又老,摘得茶来麦又黄。

五月情景气节均,劝君早把早禾耘。早禾田中多施粪,勤耕不饿苦耕人。

六月情景三伏天,劝君早起早出门。莫等杂草丛禾心,一工多要二三工。

七月情景三伏边,刈完早禾就犁田。荞麦豆子多耕种,九冬腊月无处寻。

八月情景大禾黄,家家门前铲晒场。勤快之家仓仓满,懒惰之人坛罐空。放下禾镰无米煮,肚中饥饿怪何人?

九月情景是重阳,劝君要把菜麦秧。一赶晴天二赶早,莫等落雨冰雪霜。

十月情景小阳春,劝君自家了门户。一分多要二三分,莫等公差上了门。

十一月情景冷悠悠,莫把堂前父母丢。晴天多把柴火办,莫等雨雪再来寻。

十二月情景又一年,家家杀猪在堂前。勤劳之家杀一只,懒惰之家冇有钱。

情景之歌莫忘记,年年都过丰收年。

6. 五同歌

昨夜同姐同过街,郎拿簸箕姐拿筛。郎拿簸箕背对背,姐拿筛子晒几晒,头世姻缘同过街。

昨夜同姐同过街,问姐身上搽么香。身上带的龙须草,十七十八满花香,花香引来少年郎。

昨夜同姐同过舟,问姐情谊何时丢?好比海干龙献爪,铁树开花水倒流,阎王勾簿把情丢。

昨夜和姐同过海,桅杆树上挂铜锣。好锣不要重锤打,好姐不愿言语多,只要几句好山歌。

昨夜同姐同过排,郎送包头姐送鞋。郎的包头用钱买,姐的鞋子手中来,相送我郎织草鞋。

7. 五把扇

一把扇来二面花,娇莲想郎郎想她。娇莲想郎年纪小,郎想娇莲一朵花,两个都是后生家。

二把扇来两面黄,一面娇莲一面郎。好比阴阳隔张纸,好比汉口隔汉阳,好比南昌隔九江。

三把扇来三角旗,照郎不见在乡里。照见江南十三省,照见南海观世音,照见我郎打单身。

五把扇来五骨牌,我从苏州带得来。喝了几多江河水,游了几多十字街,一心买来送乖乖。

四、儿童歌谣

1. 月光谣

月光光,秀才郎,骑白马。莲塘背,种韭菜;韭菜花,结亲家。亲家门前一口塘,畜个鲤鱼八尺长。鱼头拿来食,鱼尾留来讨哺娘。讨个哺娘高颠颠,煮个饭哎呀臭火烟。

月光光,照池塘,照见广东白米行。照见丫鬟来枭米,头发黄,花粉香。愿得我个媳妇与她养,烧火做饭透心凉。

月光光,星星光。棠梨熟,兰花香。都市人,搽粉香。城隍庙,好烧香。烧里香,寿年长。百岁过,当叮当。请人客,包槟榔。做生日,讨新娘。

月光光,下莲塘,拗莲梗,找新娘。扛鸡公,鸡公叫;扛只猫,猫爱走;扛条狗,狗会咬。上岭捡柴烧,捡到阿妹来煮朝。

月光光,夜夜光。月华姐,在中央,伸出头来看凡间事,几多往事引起我心伤。

月光光,明晃晃。船来等,轿来扛。一扛扛到河中心,斋盘素菜敬观音。观音脚下一蔸禾,箩打齿,齿打箩。神灶背,炒田螺。田螺壳,梆梆硬,戳到官家脚,官家嗷嗷叫,媳妇哈哈笑。

月光光,照竹杠。竹杠断,爱种竹。竹开花,好种瓜。瓜会大,摘来卖。卖到三吊钱,学打棉。棉线断,学打砖。砖会缺,学打铁。铁生锈,学劁猪。猪会走,学杀狗。狗会叫,学打鸟。鸟会飞,飞到棕树下,捡到一只烂冬瓜,拿转屋下,泄得满厅下。

月光光,照四方。四方暗,照田塍。田塍乌,照鹧鸪。鹧鸪看到老鼠挖油窖,挖呀进,挖呀出,撞到先生屁股蛋。

月光光,松树背,鸡公砻谷狗踏碓,狐狸烧火猫炒菜,猴哥偷食烙疤喙①。

月光光,夜夜光。菠萝树,好装香。公一拜,婆一拜,拜个好世界。世界好,讨大嫂,大嫂会管家,细嫂会绣花。日里绣个团团转,夜里绣朵牡丹花。牡丹花上一只鹅,飞来飞去看外婆。

月光光,秀才郎,船来等,轿来扛,一杠扛到河中心,虾公河蟹拜观音。观音脚下一朵莲,拿畀阿妹转外家,转去外家笑哈哈。

月光光,树头背,鸡公砻谷狗踏碓,狐狸烧火猫炒菜,蜩儿食饭脚懒懒,老虎上山拗股柴②。

月光光,溜溜光,船来等,轿来扛,一扛扛到河中心,虾公河蟹拜观音。观音脚下一蔸禾,割到三担过一箩。大人挑一担,细人扛一箩,扛得背驼驼。

月光哇哇,细妹煮茶,阿哥端凳,客人食茶。满谷洗身,跌掉手巾。哪人捡到,细嫂捡到,爱还厓?不还厓③。大哥转来骂,细哥转来打。不使打,不使骂,十七十八爱行嫁,嫁到哪?嫁到禾坪背,种韭菜,韭菜花,结亲家,亲家门前一口塘,畜个鲤鱼八尺长,长个留来煮,短个拿来讨哺娘。

2. 何日望得细姑回

鸡公崽,石上啼,何日望得细姑回。今日望,也不回,明日望,也不回。扁担插在花园里,开花结子我就回。

3. 大锣大鼓嫁细姑

苋菜崽,满地铺,大锣大鼓嫁细姑。细姑命又弱,嫁个老公又拐脚。上山要人牵,下山要人驮。过路大哥莫笑我,前世姻缘不奈何。

4. 辨声谣

师傅师傅,天上么个叫?雁叫。雁为什么会叫?颈长。黄鳝颈长为什么不会叫?水中之物。水中的青蛙为什么会叫?嘴阔。笪箕嘴阔为什么不会叫?竹做咯。竹做咯笛子为什么会叫?眼多。竹筛眼多为什么不会叫?卷里旋。

157

卷旋咯铜锣为什么会叫？铜做咯。铜做咯门锁怎么不叫？有须。羊牯须多为什么会叫？嘴尖。钻子嘴尖为什么不会叫？铁做咯。寺里铁钟怎么会叫？倒吊咯。倒吊咯茄子、辣椒怎么又不叫？开了花。

5. 萤火虫

萤火虫,蝲蝲虫,桃子树下吊灯笼。灯笼光,照四方。四方暗,跌落塮。塮下一枚针,拣来送观音。观音面前一蔸禾,割一担,又一箩,分给你来厓冇有。

6. 扬翼子

扬翼子,乌嘟嘟,莫笑阿哥着料裤。等到阿哥风水转,糯米褂子红绸裤。

扬翼子,飞得高,船来等,轿来抬。冇花鞋,不上轿。冇白扇,遮日头。阿妹莫发愁,嫁到石门楼。

扬翼子,扬翼子,碓下踏米碓下量。前哀切鸡留鸡背,后哀切鸡留鸡肠,食到鸡肠臭鸡屎,才知后哀不好死。

7. 缺牙扒

缺牙扒,扒猪屎;扒一扒,种冬瓜。冬瓜长,割来尝。冬瓜大,割来卖。卖到两吊钱,拿来学打拳。拳棍断,学打砖。砖又缺,学打铁。打铁又生锈,改行学劁猪;劁猪又蚀本,改行学卖粉。卖粉臭又馊,改行学吹箫。吹箫又不响,改行学卖唱。卖唱声不响,改行卖毡帽。毡帽烂只窿,改行卖灯笼。灯笼没赚钱,买斤猪肉好过年。

8. 好姑娘

勤俭姑娘,鸡啼起床。梳头洗脸,先煮茶汤。灶头锅尾,光光亮亮。煮好朝饭,刚刚天光。洒水扫地,挑水满缸。食好朝饭,洗好衣裳。上山捡柴,急急忙忙。淋花种菜,炖酒熬浆。纺纱织布,不离房间。针头线尾,收拾衣箱。不哇是非,不敢荒唐。爱惜子女,如肝如肠。留心做米,细声商量。欢欢喜喜,收拾家当。鸡鸭鹅蛋,豆豉酸姜。有米有麦,晓得留粮。越有越俭,不贪排场。粗茶淡饭,老实衣裳。就无米煮,耐雪经霜。捡柴出卖,不留私房。不偷不窃,辛苦自当。不怨丈夫,不怪爹娘。此等妇人,正大贤良。人人说好,久久留芳。

9. 懒姑娘

懒尸妇道,说起好笑。半昼起床,爱叫四到。头发蓬松,冷锅死灶。水也不挑,地也不扫。麻也不绩,纱也不绞。叫三叫四,左倚右廖④。偷食野饮,不顾家教。不理不管,养猪成猫。老公打里,开口就叫。诈走落塘,瓜棚下廖,捉起再打,无气可极。去投外家,眼泪如尿。归不敢归,廖不敢廖。外家送转,惹人耻笑。当初娶来,用银用轿。早知如此,贴钱不要。

懒尸妇道,说起好笑。半昼起床,噪三四到,日高半天,冷锅死灶。水也不挑,地也不扫,头发蓬松,哈哈大笑。田也不耕,又偷谷粜。不理不管,养猪成猫。老公打里,开口大叫。去投外家,眼泪如尿。外家正大,又骂又教。归不敢归,廖不敢廖。送回男家,人人耻笑。当初娶来,用银用轿。早知如此,贴钱不要。

注:
① 猴哥偷食烙疤喙:猴子偷东西吃把嘴巴烙起了疤。
② 拗股柴:折了一把柴火。
③ 爱还厓？不还厓:我还爱着,我不爱了。
④ 廖:方言音译,意为晃荡。

第九篇 俗　　语

一、农用俗语

1. 一、二画

一年交两春,十个牛栏九个空。

一光一暗,大水上墈。

一日黄沙三日雨,三日黄沙九日晴。

人怕老来穷,稻怕秋旱凶。

九天打雷百日阴,半晴半雨到清明。

九天不冻,寒在九月中。

九逢冬至进,九逢惊蛰脱。

九天不冷也静人,伏天不热也闷人。

九月重阳,移火进房。八月中秋,烤火不羞。

八月大,街上没菜卖。九月小,萝卜芋头打死狗。

2. 三画

千犁万耙,不如早栽一夜。

小满不满,冇水洗碗。

小暑小割,大暑大割。

小雪见晴天,雨雪到年边。

三兜丝瓜一园菜。

大干三年,太阳是个宝。

大雪飞满天,明年是丰年。

大寒寒得早,明年收成好。

久晴西风雨,久雨西风晴。

3. 四画

不怕干苗,就怕干花。

不怕二月初一落,就怕二月初一断雨脚。

不怕十三落,就怕断两脚。

日落火烧云,明日晒死人。

五月南风作大雨,六月南风作大旱。

五月金,六月银,错过时光无处寻。

五月小,水浸树树表。

五月十三落一交[①],晒死南山主叶草。

六月落长雨,狗都不吃红米。

天上鲤鱼斑,明日晒谷不用翻。

分龙分得雨,高山种田也有水。

牛过谷雨马过社,人过大暑无昼夜。

手拿秧把七十天。

4. 五画

立春晴一日,作田不用力;立夏落一点,高山都有捡。

立夏不下,冇水洗耙;小满不满,芒种不管。

立夏不栽禾,冇米喂鸡婆;小满二过沿,芒种管过年。

立夏三日不下雨,锄头犁耙高挂起。

立冬犁一犁,胜似下道肥。

立冬无雨至冬晴,深山树木两头青。

立冬无雨到冬至,冬至无雨一冬晴。

四季东风是雨娘。

冬雪是米,春雪是水。

冬有蚊子叫,必有寒潮到。

冬施一担灰,春还十担肥。

正月雷打雪,二月有工歇。三月干秒田,四月秧黄节。

禾过白露无灾难。

禾耘三次出好谷,棉锄七次白如银。

东虹晴,西虹雨,南虹北虹涨大水。

处暑荞麦白露菜。

头九一交雪,九九似六月。

5. 六画

交春一日,水暖三分。

交秋脱伏,晒得肉熟。

芒种忙忙栽,夏至禾含胎。

芒种忙种,样样要种。一样不种,秋后落空。

芒种栽芋,一本万利。

芒种窖姜,夏至取娘。

早栽一日,早收一七。

早雨晏晴,晏雨落得成。

早稻要抢,晚稻要养。

有雨天开顶,无雨四山光。

当昼打一现,三日不见面。

先打雷公后落雨,有雨也是磨刀水。

过了七月半,日子打乱窜。

过了七月半,放牛崽哩偎田塝。

光眼秋,风溜溜;眯眼秋,满塅收。

会种田的常调种,不会种田的靠粪桶。

6. 七、八画

谷雨有雨,禾田有水。

谷雨前好种田,谷雨后莫秧豆。

花草种三年,瘦田变肥田。

花草田里开好沟,落雨下雪不用愁。

进九莫种,脱九莫薅。

穷人莫听富人懂,桐树开花就浸种。

若要棉,立夏前。

7. 九、十画

春打六九头。

春无三日晴,夏无三日雨。

春雾晴,夏雾雨,秋冬雾露晒死鬼。

春社无雨莫耕田,秋社无雨莫进田。

春干禾健壮,秋干减一半。

蚂蚁搬家,大雨哗哗。

蚕到小满死,麦到立夏黄。

夏至至短,冬至至长。

夏至栽芋,个去个回。

夏至见晴天,有雨在秋边。

秧好一半谷,肥好谷满屋。

凌杠[2]梆梆响,萝卜芋头正生长。

8. 十一画及以上

清明前后,种瓜种豆。

清明要明,谷雨要雨。

清明断雪,谷雨断霜。

晚禾晚到秋,薯类薯到处(处暑)。

晚禾不过秋,过秋一半收。

晚禾头上三粒谷,胜过荞麦胜过粟。

雷打惊蛰前,高山好种田。

雷打秋,晚禾减半收。

雷打冬,十个牛栏九个空。

霜降不割禾,一夜去一箩。

霜降无雨,百日无霜。

注:

①落一交:修水方言,意为下一场雨。

②凌杠:修水方言,指冰凌。

二、生活谚语

1. 一画

一只跳蚤撑不起被窝。

一竹篙打倒一船人。

一行服一行,丝瓜服米汤,打锡服松香。

一只碗,碰不响。

一只窑里出的货。

一饱百不思。

一娘生九子,连娘十般心。

2. 二画

人背时,盐罐生蛆。

人怕八个字,牛怕一根绳。

人心隔肚皮,饭甑隔树皮。

人在房里坐,祸从天上降。

七十二行,耕作为王。

十个指头整不得一样齐。

十八后生周岁马,江边杨柳就兜扯①。

十场人命九场奸,一场不奸争坟山。

3. 三画

千世修来同船渡,万世修得共枕眠。

三十六计,走为上计。

三只角的田易买,四只角的絮难置。

三日不吃青,肚里起火星。

三分长相,七分打扮。

大拇指作蒲扇打。

上梁不正下梁歪。

上不得松树上栎树。

上床的夫妻下床的客。

上岭的兔子不要赶,下岭的兔子进了碗。

子女前世修,种子隔年留。

女人三喜欢,姐夫菊花鸡。

女回娘家,脚似云车;女转婆家,泪眼婆娑。

口里溜溜光,肚里一包糠。

山高也在脚下过。

4. 四画

无求处处人情好。

不见棺材不下泪。

不怕敞风打,只怕门风射。不怕爷娘打,就怕妻子骂。

不能逼着黄牯牛下崽。

不要把人看得一眼对过[②]。

不怕不识货,就怕货比货。

不想油渣吃,不在灶边企。

不要把水泼人面上。

见到信封把作信。

公不离婆,秤不离砣。

少来害人,老来碍人。

5. 七画

针鼻大眼,扯个簸箕大疤。

针插不进,水泼不入。

尿桶洗萝卜,不如不洗。

狂风专打出头树。

忍得一时气,免得百日忧。

灶里不断火,路上不断人。

闲时不烧香,急时抱佛脚,

6. 八画

河里无鱼虾也贵。

话不投机半句多。

狗嘴上留不住饭食。

狗肉上不得席面。

泻泥巴扶不上壁。

夜里落雨日里晴,整得懒鬼困不成。

命里注定半升米,走遍天下不满升。

若要好,问三老。

若要孩子安,常带三分饥与寒。

虱多不痒,债多不愁。

7. 九画

亲戚一把锯,扯来又扯去。

客来主人欢,客去主人安。

屎不臭,挑起臭。

屎不胀,不落裤。

挑担麦子去,冇担面转身。

哇一夜胡子,不生一根须。

屋角出头先遭难。

轻重是个礼,长短是块布。

8. 十画

留坏了种子一年穷,讨坏了老婆一世穷。

捉得猪叫,就是屠夫。

请人哭娘不出眼泪。

起眼动眉毛。

鸭婆背上泼勺水。

钱官司,纸道场。

钱是人的胆,衣是人的毛。

家宽人少年。

家有一老,如有一宝。

娘留崽吃留到臭,崽留娘吃过不得昼。

9. 十一画

崇河乡里十八滩,滩滩都是鬼门关。

黄鳝打一吓,硬泥钻三尺。

黄鳝泥鳅扯作一样长。

黄牛三把秆,水牛也三把秆。

清官难断家务事。

清油炒苦菜,个人心里爱。

骑马不撞到亲家,骑牛偏撞到亲家。

做酒打豆腐,莫称老师傅。

10. 十二画

晴带雨伞,饱带饥粮。

隔夜想起千条路,早晨起来卖豆腐。

剩饭炒三遍,狗都不吃。

道高一尺,魔高一丈。

装三支香,放四个屁,自己想起不过意。

11. 十三画及以上

想要畜生的钱,就要陪畜生眠。

筲箕肚,麦秆脚,有吃作,冇做作。

嫁出去咯女,泼出去的水。

寡妇门前是非多。

膝盖拗不过大腿。

额头上一个窟,拐进不拐出。

薯丝饭,茶壳火,除了神仙就是我。

注:

①江边杨柳就兜扯:江边杨柳依依缠绵。

②不要把人看得一眼对过:不要把人看得透亮、清楚。

三、歇后语

1. 二、三画

大姑娘坐轿——头一回

三十夜里吃粥——等于没过年

三十夜看春书——岁前无日

三只脚的兔子——易打难撞

2. 四、五画

六月天贩毡帽——不识时务

公公帮媳妇抓背——好意成恶意

牛进菜园——一扫光

书生赶牛——慢慢来

左手写字——别扭

生成癞子做和尚——冇得哇

打屁拿棕隔着——舍不得

半天云里吹唢呐——那里那

半夜吃黄瓜——不知头尾

3. 六、七画

老鼠钻牛角——越钻越缩

老鼠钻风箱——两头受气

老鼠爬秤杆——自称

关公辞曹——来清去白

关公卖豆腐——人强货弱

竹筒倒豆子——一个不留

吃过晚饭赶路——越走越黑

秀才房里——书多

两公孙攀同年——不择上下

4. 八画

狗吃牛屎——图多

狗捉老鼠——多管闲事

细颈罐里的饭——倒不出来

披蓑衣打火——惹火上身

坳背打锣——又是一挂

和尚捡梳子——没用

和尚念经——有口无心

和尚拜堂——外行

和尚讨老婆——打破常规

泥菩萨过江——自身难保

盲人打老婆——抓住不放手

盲人打棍——四处无门

盲人见钱——眼也快

盲人戴眼镜——好扮

盲人熬糖——老了火

5. 九、十画

点灯吃午饭——尚早

荞麦田里捉乌龟——十拿九稳

姜太公钓鱼——愿者上钩

鬼打道士——没得法

哑巴吃黄连——有苦说不出

胯里夹扁担——横杠

借米还糠——气鼓膨胀

高山倒马桶——臭名远扬

6. 十一、十二画

阎王菩萨嫁女——抬轿的都是鬼

偷鸡不成蚀把米——划不来

眼睛里的萝卜花——早起了翳（意）

脚鱼下锅——抓到死

猪圈牵出牛来——只有它大

脱了裤打屁——多此一举

颈上抹猪血——假称刽头王

萤火虫照屁股——只管自己

喉咙里的痒——想得到抓不到

猴子打拳——架子小

落雨天担秆——越挑越重

装香摸屁股——做惯手脚

7. 十三画及以上

鼓皮上捏蒂——无中生有

矮子上扶梯——步步高升

寡妇生崽——有指望了

辣椒不补——两头受苦

瞎眼狗碰到糯米屎——行时

瞎眼鸡崽撞到堆米——天照顾